어린이 지식 e

어린이 지식 e ― 4 함께 사는 사회

초판 1쇄 발행   2014년 9월 29일
개정 1쇄 발행   2017년 12월 24일

지은이 | EBS지식채널ⓔ 제작팀

발행처 | 이비에스미디어(주)
발행인 | 정호영
기획 | EBS MEDIA 장명선 · DKJS 성준명
글 | 박수경   **그림** | 김잔디   **편집** | 에듀웰

판매처 | ㈜DKJS
출판등록 | 2009년 11월 18일 (제2009–000323호)
주소 | 서울특별시 강남구 강남대로 84길 23, 1408–2호
문의 전화 | (02)552-3243   **팩스** | (02)6000-9376
이메일 | plus@dkjs.com

ISBN   979-11-86082-36-2 (64300)
ISBN   979-11-86082-43-0 (세트)

생각하는 힘을 키워 주는 **감.성.지.식.창.고.**

어린이 지식

e

함께 사는
사회

4

EBS 지식채널ⓔ 제작팀

지식플러스⁺

생각하는 지식ⓔ를 통해,
이웃과 자연을 돌아보는 눈을 키워요

지혜로운 사람이란 어떤 사람일까요? 어떤 문제든지 답을 알고 있는 사람일까요? 아니면 반대로 문제를 만들어 내는 사람일까요? 세상에는 답이 있는 문제가 많지만 정해진 답이 없는 문제도 많아요. 시대와 상황에 따라서 정답이 달라지는 문제도 있고, 사람에 따라 정답이 달라지는 문제도 있지요.

하지만 확실한 건 우리가 앞으로 살아갈 세상은 정해진 답을 따라가기보다 새로운 답을 찾거나 만들어 가는 세상이라는 거예요. 때문에 우리에게는 '세상을 보는 새로운 눈'이 필요해요. 정해진 답을 많이 아는 것보다 상황에 구속되지 않는 열린 사고로 생각하는 힘을 길러야 해요. 우리가 당연하다고 생각했던 것에 '왜?', '어떻게?'라는 질문을 던질 수 있으니까요. 열린 생각으로 새로운 답을 만날 수 있도록 도와주는 성찰적인 지식이 더욱 필요한 거지요.

EBS 〈지식채널ⓔ〉는 5분 분량의 영상을 통해 성찰적 지식을 제공하는 정보 프로그램이에요. 처음에는 성인들을 대상으로 제작되었지만 프로그램에 대한 관심은 나이를 가리지 않고 생겨났어요. 고정 관념에 구속되지 않는 열린 사고력을 길러 주고 싶은 부모들을 통해서, 교사들을 통해서 많은 어린이가 〈지식채널ⓔ〉를 만나고 있지요. 실제로 많은 초등학교에서 〈지식채널ⓔ〉를 수업 자료로 활용하고 있어요. 이를 위한 초등 교사들의 연구 모임이 따로 있을 정도라고 하네요.

하지만 안타까운 점도 있어요. 어린이들의 입장에서는 〈지식채널ⓔ〉를 접할 때 배경 지식이나 정보가 부족한 경우가 많아요. 아무리 좋은 내용이라도 이해하기에 어려움이 있다면 제대로 익힐 수 없겠죠. 때문에 〈지식채널ⓔ〉 제작 팀과 여러 전문가가 머리를 맞댔어요. 어린이들이 〈지식채널ⓔ〉를 쉽게 이해할 수 있도록 하기 위해서 쉬운 글과 관련 정보를 재미있게 보여 주는 〈어린이 지식ⓔ〉가 만들어졌어요. 방송에서 보여 준 내용을 어린이들의 눈높이에 맞춰 흥미롭게 재구성한 책이에요.

〈어린이 지식ⓔ-함께 사는 사회〉에는 나눔, 평화, 인권, 환경을 주제로 한 〈지식채널ⓔ〉를 다루고 있어요. 방송에 나온 재미난 이야기에 풍성한 설명을 덧붙여 구성됐지요.

지구촌에는 자연의 혜택과 문명의 발달로 편안한 사회 시스템을 갖춘 국가도 많이 있지만, 전쟁과 자연재해 그리고 기후의 변화로 어려움을 겪고 있는 이들도 많이 있어요. 그들도 우리와 함께 지구에서 살아가는 소중한 이웃이라고 생각한다면 남의 일로만 넘길 수는 없는 일이지요. 왜 어려움에 빠졌는지 원인을 찾아보고 해결책을 고민해 보는 시간이 필요해요.

지구촌에는 누군가를 돕겠다는 취지로 만들어진 국제기구들이 많이 있어요. 국제기구들은 전 세계를 무대로 '함께 사는 사회'를 만들기 위해 다양한 활동을 펼치고 있답니다. 여러 기구와 그곳에서 봉사하는 사람들을 알아가며, 더불어 사는 세상 만들기에 동참해 보아요.

여러분이 사회 공동체의 일원으로 그리고 성숙한 어른으로 자라나는 데 이 책이 작은 도움이 되기를 바라요.

목차

같이 사는 세상

더불어
나아가다

남아프리카 공화국의 〈열국 열차〉

★ 빈민층을 위해 달리는 하얀 열국 열차

아프고 가난한 사람들을 위해 의료 장비와
의사들을 싣고 달리는 남아프리카 공화국의 열국 열차.
열국 열차 펠로페파를 고안해 낸 사람과
열국 열차에서 재능을 나누는 사람들을 만나 보자.

생각해 보기 이 열차를 타기 위해 기다리는 사람들은 누구일까요?

남아프리카 공화국
1만 5000km의 거리를

20년 동안
정해진 길로 달리는
열국의 열차.

수천 km를 달려
외딴 역에 멈춰 선 하얀 열차.

하얀 열국 열차에서는
어떤 일이 벌어질까?

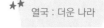
열국 : 더운 나라

열차에 오르기 위해
역으로 오는 사람들

이들의 목적은
여행이 아니다.

"2년 동안 오늘을 기다렸어요."

열차 옆에 천막을 치고
순서를 기다리는 사람들은
바로
환자들이다.

가벼운 병에도

치료 시기를 놓쳐 죽음에 이르는

사람이 많고

세계적으로

에이즈 바이러스 보균자 비율이

매우 높은

보균자 : 병의 증상은 보이지 않으나
병원균을 몸 안에 지니고 있어 다른
사람에게 옮길 가능성이 있는 사람

남아프리카 공화국.

OECD : 경제 협력 개발 기구.
회원국 간의 경제 협력과 세계 경제
발전에 기여하고자 1961년에 결성함.

하지만 이들을 돌볼

의사는 인구 4000명당 1명 정도

OECD 평균 의사 수는 인구 1000명당 3.1명이다.

_(〈OECD Health Data〉, 2009년)

더구나 의료 시설 대부분이
주로 백인들이 사는 지역에만
몰려 있다.

"환자들이 병원에 올 수 없다면
우리가 병원을 싣고 그들에게 가자!"

이런 생각들을 모아서 만들어 낸

세계 최초의 의료 열차
펠로페파.

★★ 펠로페파 : 남아공 토착어로 '건강'을
의미하며, 의료 시설이 없는 곳에 가서
치료해 주는 의료 열차

1993년 남아프리카 공화국
철도 공사의 주도로 시작된
3칸짜리 의료 열차,
최초의 진료 과목은 안과뿐이었다.

2013년
18칸으로 확장된 열차에는
안과, 치과, 약국
그리고 건강 검진 센터, 심리 치료실이 있다.

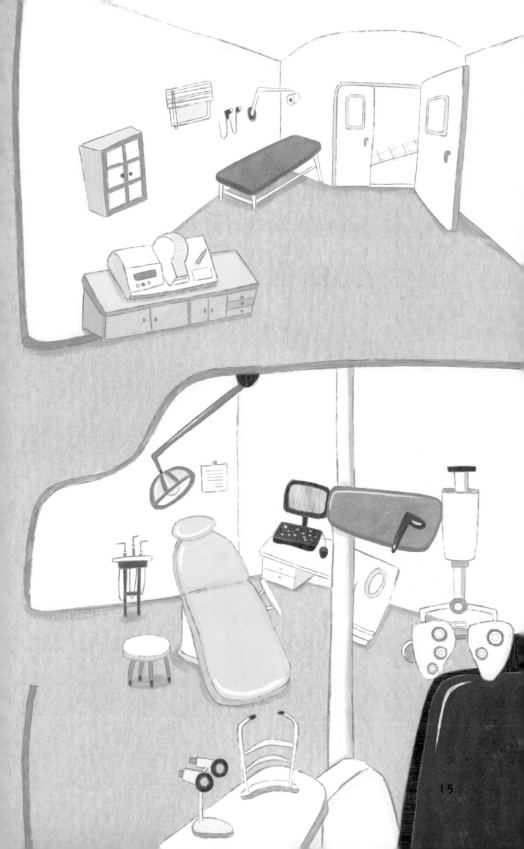

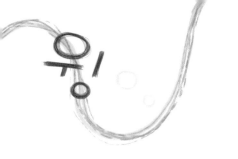

20여 명의 전문의와
40여 명의 인턴들이
환자를 돌보는 사이,

"오십 평생 처음 안과에 가 봤습니다."

"검진 덕분에 가슴에 종양이 있다는 걸 알게 됐어요.
큰 병원에 가서 무사히 수술할 수 있었죠."

환자들은 건강을 선물받았다.

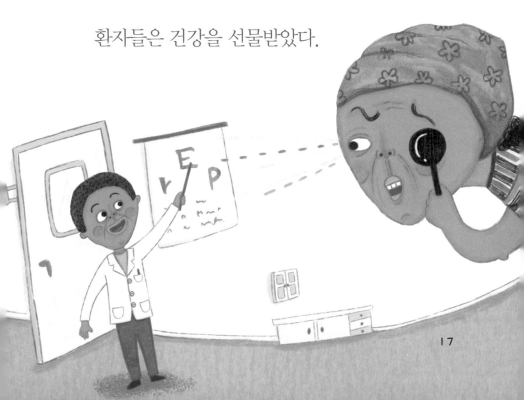

펠로페파가 마을에 머무는 기간

단 1주일

하루에 진료를 보는 환자

최대 260명

같은 마을을 다시 찾아오는 데 걸리는 시간

2년

밤을 새우며 차례를 기다렸던 사람들은
열차가 떠나면
또 다시 스스로를 돌봐야 한다.

우리가 이 지역에 다시 왔을 때
근처에 훌륭한 병원이 있기를 바랍니다.
그날이 오면 펠로페파는 더 이상 필요가 없겠죠.
_(펠로페파의 의료인)

기본적인 의료 혜택을 받지 못하는
가난한 사람들을 위한 펠로페파

그러나 설립자는
펠로페파가 빨리 사라지길 바란다.

병원은 튼튼한 건물 안에 있어야 합니다.
펠로페파의 성공은 결국
남아프리카 공화국 의료 체계의 실패를 의미합니다.
_(리넷 코치, 펠로페파 설립자)

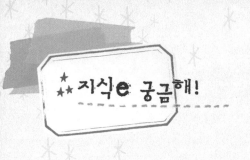

지식e 궁금해!

남아프리카 공화국의 의료 열차, 펠로페파

가난한 사람들을 위해 의료 시설을 갖추고 직접 찾아가는 병원 열차의 이름인 '펠로페파'는 남아프리카 공화국 전통어로 '건강'이라는 뜻을 담고 있어요. 남아프리카 공화국에는 병원이 모자라 의료 혜택을 받지 못하는 지역이 많아요. 많은 환자들이 제때 병원을 찾지 못해 죽어가고 있지요. 1993년 남아공 철도 재단은 병원에 가기 힘든 환자들에게 의료 서비스를 제공하기 위해 펠로페파를 생각해 냈어요. 그 후 20년 가까이 전국을 돌며 환자들을 돌보고 있지요.

펠로페파가 올 때쯤 되면 역 근처의 마을에는 열차의 도착을 알리는 포스터가 붙고 라디오에서도 소식을 알려 주어요. 환자들은 대부분 며칠씩 사막을 걸어서 열차가 멈추는 역까지 찾아와요. 진료를 못 받을까봐 며칠 전부터 역에 와서 기다리는 사람도 있어요. 그래도 펠로페파가 와 주는 것만으로도 감사하다며 불평을 하지 않는대요.

펠로페파에서 일하는 의료진들은 열차 안에서 생활하며 환자들을 돌봐요. 몇 년 동안 가족들과 떨어져 지내기도 한대요. 힘든 상황 속에서도 어렵게 찾아오는 환자들을 치료하며 보람을 찾고, 열심히 일하고 있어요. 펠로페파에서 일하는 의료진들은 입을 모아 이렇게 말해요. "우리가 다음에 이곳에 올 때에는 근처에 병원이 꼭 있길 바라요. 그날이 오면 우리는 더 이상 필요가 없겠지요.

그걸 보는 게 소원이에요." 지역 곳곳에 환자들이 쉽게 찾아갈 수 있는 병원이 빨리 생겨야겠지요?

지역별 차이가 큰 남아프리카 공화국의 의료 시스템

우리가 사는 동네에는 병원과 약국이 여러 곳 있지요? 감기만 걸려도, 조금만 열이 나도 병원으로 가곤 해요. 그리고 '119 안전 신고 센터'를 통해 언제 어디서든 신속히 병원으로 갈 수 있어요. 하지만 남아프리카 공화국은 달라요. 어떤 곳에서는 병원을 찾아 수십 킬로미터를 가야 하고, 병원이 있다고 해도 의사가 없어 아예 비어 있는 곳도 있답니다.

그래서 의료 열차, 펠로폐파를 기다리는 사람들이 많아요. 최첨단 의료 장비들을 싣고 환자들이 있는 곳으로 찾아가서 진료를 해 주고, 진료비도 거의 받지 않기 때문이지요. 한 마을당 1주일간 머무르며 진료를 하는데, 정해진 역을 다 도는 데 꼬박 2년이 걸린다고 해요. 이런 열악한 상황임에도, 남아프리카 공화국의 의료 수준은 상당히 높아요. 세계 최초로 심장 이식 수술을 할 정도로 의학 기술이 발달해 있지요. 문제는 병원 수가 적은 데다 특정 지역에만 몰려 있다는 거예요. 그런 이유로 남아프리카 공화국은 지역별로 의료 수준에 차이가 많이 나는 의료 빈국이랍니다.

남아프리카 공화국

남아프리카 공화국은 아프리카 대륙의 남쪽에 자리잡은 나라예요. 기후는 아열대성으로 생활하기 좋은 편이지요. 17세기에 네덜란드 인들이 무역을 하기 위해 남아프리카 공화국에 들어오기 시작했는데, 지리적 위치와 기후가 좋아 많은 유럽인들이 찾게 됐어요. 남아프리카 공화국은 네덜란드, 영국 등의 식민지로 오랜 세월을 지내오다 1961년 5월 독립했지만, 백인이 사는 지역에 흑인이 살 수 없다는 인종 차별 정책을 펼쳐 사회적으로 큰 혼란을 겪었어요. 1994년 5월 흑인 차별 철폐 운동을 벌였던 넬슨 만델라가 대통령으로 당선되면서 인종 차별 정책은 사라지게 되었지요.

02 다르게 사는 법, 〈어떤 의사들〉

★ 남을 돕기 위해 의학을 배우는 사람들

의학을 가르치는 것만큼이나 생명을 대하는 인간성을 강조하며
의사를 길러 내는 나라, 쿠바.
세계 곳곳에서 일어나는 재해나 재난 현장에서 가장 앞장서 돕는
쿠바의 의사들에 대한 이야기를 들어 보자.

신입생을 모집합니다!!

전 세계 NGO 단체에 도착한
편지 한 통.

"신입생을 모집합니다."

의과 대학 6년 동안
교육비, 책값, 하숙비, 식비, 의복비
모두 무료

매달 10만 원 정도의 장학금 지급
25세 이하 누구나 응시 가능."

도대체
어느 나라에서,
왜 의과 대학 교육을
무료로 시켜 주는 것일까?

 의사가 된다면 어떤 일을 해 보고 싶나요?

단, 의과 대학 입학 시 몇 가지 조건이 있다.

가난한 농촌 출신이어야 하고
졸업 후 의사의 손길이 미치지 않는
농어촌이나 산촌에서 일하겠다는 맹세.

"자격 요건을 갖춘
54개국 8500여 명의 유학생이
이 나라에서 공부해
의사가 되었다."

_〈쿠바 노동조합 총연맹 기관지
〈Juventud Rebelde〉, 2010년)

1. 가난한 농촌 출신
2. 졸업 후 의사가 있는 도시 대신
농촌이나 산촌에서
일할 것입니다

지원서!!

이런 조건으로 의과 대학생을 모은
이 나라는?

쿠바.

쿠바 의과 대학의 교육은 독특하다.

좋은 의사가 되려면
두 가지 전문성이 필요하다고 배웠습니다.
하나는 의학이고,
다른 하나는 인간성입니다.
_(의과 대학생, 도미니카 공화국 출신)

좋은 의사가 되기 위한 항목은
의학 그리고 인간성.

의학 교육을 받은 뒤

의사로서 지녀야 할 인간성을 배우기 위해

'가족 주치의' 밑에서

2년간 교육을 받는다.

주치의 : 어떤 사람의 병을 책임지고
맡아서 치료하는 의사

쿠바의 가족 주치의는

120세대 700여 명의 주민을 담당하며

오전에는 일반 진료를

오후에는 각 가정을 돌아다니는 방문 진료를 한다.

그리고

주민과의 원활한 소통을 위해

반드시

병원 건물 안에 살아야 한다.

모든 의사는 반드시 농촌에서 일을 해 봐야 합니다.

학교에서는 의학을 배우지만

농촌은 커뮤니티를 배우게 해 주니까요.

커뮤니티는 제 인생의 중심입니다.

커뮤니티 : 자연적으로
이루어진 공동 사회

_(산쏘, 가족 주치의)

단 한 명일지라도 인간의 생명은
지구상에서
가장 부자인 사람의 전 재산보다도
100만 배나 가치가 있다.

_(체 게바라)

★★★ 체 게바라 : 아르헨티나 태생으로
의사 출신이면서 사회 운동가

진정한 의사의 역할을
강조하고 교육하는 쿠바.

그리하여 돈과 명예가 아닌
인간을 위해
일할 수 있는 의사를 배출한다.

졸업 후,
전 세계에 파견되는 쿠바 의사들.

그들의 일터는
그 나라에 살고 있는 의사들도
가기를 꺼리는 빈민가
그리고
구호 단체들도 포기한 위험한 지역.

전 세계 68개국에서
2만 5000여 명의 쿠바 의사들이 일하고 있다.
_(〈의료 천국 쿠바를 가다〉, 2005년)

"사람의 생명이 돈보다 더 중요하다는 생각과
부드러움과 배려심만 있다면
누구나 생명을 구할 수 있다."

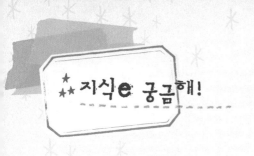

의료 선진국, 쿠바

쿠바는 작고 가난한 나라이지만 의료 분야에서는 선진국이에요. 가족 주치의 제도를 시행할 수 있을 만큼 의사가 많고, 암 치료에서 심장 이식까지 의료비 전부가 무료인 나라예요.

1990년 교통 사고로 식물인간이 되었던 한 스페인 여성이 있었어요. 담당했던 의사들이 치료를 포기한 상태였는데, 쿠바의 국제 신경 회복 센터에서 수술과 재활 치료를 한 결과 놀랍게도 불과 2개월 만에 다시 걸을 수 있게 됐어요. 이 일로 쿠바의 발달된 의료 기술이 전 세계의 주목을 받았어요.

또한 쿠바는 이웃 나라의 눈이 아픈 환자를 무료로 치료해 주는 '기적의 안과 치료 프로젝트'로도 유명해요. 일종의 의료 원조라고 할 수 있어요. 볼리비아, 브라질, 자메이카 등 라틴 아메리카 15개국의 가난한 환자들이 혜택을 받고 있어요. 치료 대상이 되면 쿠바의 수도인 아바나로 특별기를 타고 날아가 치료를 받을 수 있어요. 눈이 잘 보이지 않던 환자들이 수술 후 환한 세상을 볼 수 있게 치료를 해 주는데, 쿠바 정부는 이들에게 일체의 경비를 받지 않는다고 해요. 숙박비, 식사비는 물론 입국 경비도 무료예요. 이 프로젝트로 2010년까지 50만 명 이상의 사람들이 혜택을 받았지요.

쿠바는 특별한 의약 특허도 많이 보유하고 있어요. 특허와 의약품을 수출해 외화를 벌어들이고 있지요. 그런데 가난한 나라에는 싼값으로 약을 판매해요. 쿠바는 선진국은 아니지만, 의학에 있어서 만큼은 어느 선진국보다 훌륭한 일을 많이 하고 있어요. GDP의 10%를 의료비로 사용하며 질병으로 인해 고통받는 국민이 없도록 노력하고 있답니다.

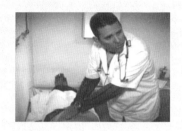

쿠바의 가족 주치의 제도

쿠바의 의료 정책은 가족 주치의 즉, 패밀리 닥터를 중심으로 이루어져요. 가족 주치의는 전 국민의 98% 이상을 관리하는데, 주요 역할은 정기적으로 얼굴을 마주하면서 지역 주민들의 건강 상태를 체크하는 것이에요. 가족 주치의들은 건강상에 문제가 없는 가정에도 의무적으로 1년에 최소한 한 번 이상은 방문해야 해요. 이러한 예방 진료로 병을 초기에 발견해, 약 80%의 병을 동네 의원에서 치료할 수 있게 되었다고 해요.

▶▶ 전 세계 긴급 구호 단체 〈국경 없는 의사회〉

꼭 필요한 곳, 위험한 곳에서 의료 활동을 펼치고 있는 의사들이 있어요. 전 세계 어디든 의료 활동이 필요한 곳을 찾아 나서는 국경 없는 의사회 의사들이지요. 국경 없는 의사회는 1968년 나이지리아 내전 때 의료 봉사에 나섰던 프랑스 적십자사 소속 의사들과 언론인이 모여 1971년 프랑스 파리에서 만든 민간 긴급 의료 단체예요.

이 단체는 전쟁, 질병, 기아, 자연재해 등으로 의사의 도움을 필요로 하는 상황이 발생한 곳이면 국경에 상관없이 달려가 돕는다는 원칙을 가지고 있어요. 긴급 구호를 위해 48시간 이내에 출동할 수 있는 준비를 갖추고 있지요. 1995년과 1996년, 1998년에 북한에 들어가 전염병 예방과 의약품, 의료 장비 지원 활동을 벌이기도 했고, 그밖의 수많은 나라에서 활동해 왔어요.

국경 없는 의사회는 그동안의 많은 공로를 인정받아 1996년 제3회 서울 평화상과 1999년 노벨 평화상을 수상했어요. 우리나라의 국경 없는 의사회 한국 지부도 활발하게 활동하고 있답니다.

03 1069명의 생명을 구한 〈유모차 공수 작전〉

★ 목숨을 걸고 전쟁 고아들을 살려 낸 중령

한국 전쟁 중 군인의 신분으로 군대의 명령을 어기면서까지
1069명의 고아들의 생명을 구한 러셀 블레이즈델 중령.
목숨을 걸고 용기 있게 행동한 그의 헌신적인 이야기를 통해
가치 있는 삶이란 어떤 것인지 생각해 보자.

1950년, 서울
한국 전쟁에 참전한
미군 중령
러셀 블레이즈델.

급히 서울을 떠나 후퇴하라는
군대의 명령을 어기고
자신이 생각한
더 중요한 일에
목숨을 건다.

목숨을 걸고 해야 했던
중요한 일은 무엇이었을까?

 손해를 보면서 누군가를 도와준 적이 있나요?

매일 아침마다 서울 시내를 돌며
부모를 잃고 헤매는 아이들을 거두었던
러셀 블레이즈델 중령

목사였던 중령은
전쟁 통에 부모를 잃은
아이들을 데려와
극진히 보살폈다.

"그래. 내가 할 수 있는 한 힘껏 보살펴 주자."

그런데
1950년 12월
연합군에 후퇴 명령이 떨어진다.

북한에서 내려오는 중공군을 피해
당장 남쪽으로 내려가라는 명령.

그러나,
중령은 명령에 따를 수 없었다.

"아이들을 내버려 둔 채
혼자만 떠날 수는 없습니다."

12월 1일,

5일

10일

19일…….

시간이 흐르는 사이

상황은 계속 악화되고

철수를 서두르는 연합군.

그러나

아이들을 피난시킬 방법을

찾지 못한 중령.

공군 사령부 책임자를 만나

방법을 찾아달라고 부탁한다.

"내일, 20일 아침 8시까지 김포공항으로 오면

비행기로 대피시켜 주겠소."

음 …

37

그러나
남아 있는 시간은
15시간

돌봐야 할 아이들은
1069명

주어진 운송 수단은
트럭 한 대뿐!

기적이 일어나지 않고서야
해결책이 없었다.

중령이 트럭을 구하러 다니는 동안
아이들은 추위에 떨고
간호사들은 조바심에 어쩔 줄 모른다.

하지만
12월 20일 새벽까지
여분의 트럭은 구해지지 않았다.

'결국 이대로 포기해야 하는가?
그래도 마지막으로 한 번만…….'

다행히
마지막으로 들른 마을에서
해병대 트럭들을 발견한
중령.

"기적이 일어났다!"

"상부의 명령이다.
즉각 이 아이들을 이송하라."

본인의 계급을 이용해
불법으로 명령을 내린 중령

14대의 해병대 트럭에
아이들을 태우고
심포공항으로 이동한다.

그리고
1069명의 아이들 모두
무사히 제주도에 도착한다.

'유모차(The Kiddy Car) 공수 작전'을
성공시킨
러셀 블레이즈델 중령은

명령 불복종 죄로
감찰관의 조사를 받게 된다.

"당신은 왜 명령을 어겼소?"

"누군가는 반드시 해야 할 일이었습니다."

그 누군가가
바로 자신이라고 생각했던
중령이
아이들을 지켰다.

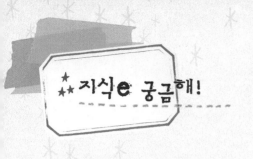
러셀 브레이즈델 중령의 '유모차 공수 작전'

한국 전쟁 당시 미 공군 목사였던 러셀 블레이즈델 중령은 서울에서 전쟁 고
아들을 돌봐 주고 있었어요. 1950년 12월, 중공군이 남쪽으로 내려온다는 소
식을 듣고 돌보던 고아들을 전국 각지로 피란을 보냈지만 1069명은 보낼 곳이
없었지요. 다급해진 중령은 피란 갈 방법을 백방으로 알아보고 다녔어요. 그
결과 미 공군 C54 수송기를 동원해 극적으로 아
이들을 제주도에 피신시킬 수 있었답니다.

중령의 이야기는 '한국 전쟁 고아 1069명의 아버
지'란 제목으로 미국 신문과 잡지에 소개됐어요.
이후 2001년 블레이즈델 중령은 한국을 찾아 이
제는 어른이 된 고아들을 만나 보기도 했답니다.

▸▸한국 전쟁 속에서 기적을 이룬 〈월드비전〉

- 월드비전이란? 어려움에 빠진 지구촌 이웃들을 돕기 위해 전 세계 100여 개
  국에서 활동하고 있는 국제 구호 개발 NGO
- 언제 만들어졌을까? 1950년, 한국 전쟁의 폐허 속에서 태어났어요.
- 누가 만들었을까? 미국인 선교사 밥 피어스(Bob Pierce)
- 하는 일은? 전 세계의 어려움에 빠진 아이들과 여성들을 도와요.

월드비전이 생겨난 이야기
1947년, 중국을 여행하던 미국인 선교사 밥 피어스는 한 학교에서 예수님에

대해 이야기를 하게 되었어요. 그리고 이야기를 듣던 아이들에게 부모님에게도 이 이야기를 전하라고 했어요. 그런데 그가 중국을 떠나던 날, 아버지에게 예수 이야기를 했다는 이유로 한 어린 여자아이가 심하게 맞고 버려졌다는 사실을 알게 됐어요. 그 후, 밥 피어스 목사는 부모에게 버림받은 그 아이를 돌봐 달라며 매달 5달러를 아이를 돌보는 가정에 보냈어요. 그리고 몇 해가 흘러 1950년 밥 피어스 목사는 한국 전쟁으로 고통받는 많은 아이들과 남편을 잃은 여성을 돕는 한경직 목사를 만나게 돼요.

이때 밥 피어스 목사는 어려움에 처한 고아들을 대하면서 이들을 돕는 전문 구호 기관을 만들어야겠다고 결심해요. 미국 교회를 중심으로 모금을 시작한 밥 피어스 목사는 한경직 목사와 함께 고아들과 여성들을 돕기 시작했어요. 이것이 월드비전의 시작이에요.

월드비전은 기독교 정신을 바탕으로 세계 각지에서 구호를 하지만 종교에 따라 차별하지 않고, 도움을 전제로 종교를 바꾸라고도 하지 않아요. 종교와 인종을 가리지 않고 도움의 손길을 건넨답니다.

오늘날 월드비전은 아시아, 아프리카, 라틴 아메리카 등에서 구호 활동을 하고 있어요. 일대일 결연을 통한 아동 구호뿐만 아니라 지역 개발 사업을 통해 먼저 낙후된 지역의 발전을 돕고 그 안에서 아동과 여성이 교육을 받고 일자리도 찾을 수 있는 사업을 하고 있어요. 책임감 있게, 그리고 투명하게 세계 최대 규모의 개발 구호 사업을 펼치고 있답니다.

월드비전을 만든 밥 피어스 목사와 한경직 목사

미국인 선교사 밥 피어스(Bob Pierce, 1914~1978) 목사는 한국 전쟁이 일어나기 전 우리나라에서 선교사로 활동했어요. 이후 우리나라를 떠났던 밥 피어스 목사는 한국 전쟁이 일어나자 자신이 만났던 사람들이 전쟁으로 죽어 간다는 생각에 어렵게 다시 돌아오게 되지요. 그리고 전쟁 전 선교 활동 중에 만났던 한경직 목사(1902~2000)를 다시 만나 전쟁 고아들과 남편을 잃은 여성들을 돕기 위해 힘을 합쳤어요. 그리고 뜻을 모아 월드비전의 싹을 틔우게 되었어요.

04 쓰레기 더미에서 건진 〈한 권의 책〉

★ 한 사람의 인생을 바꾸고 사회를 변화시킨 책 한 권

위대하고 큰 인물이 되는 것만이 좋은 꿈의 조건은 아닐 것이다.
자신과 사회를 더 나은 방향으로 바꾸어 나가는 것 또한
좋은 꿈이라 할 수 있다. 여기, 책 한 권을 보며 꾼 꿈으로
자신과 사회를 바꾸어 나간 케냐의 청년 이야기를 들어 보자.

아프리카의 빈민국
케냐

그중에서도
가난한 사람들이 모여 사는
나이로비의 빈민가

그는 그곳에서 태어났다.

어린 시절을
쓰레기 더미를 뒤지며 보냈지만

그에겐 꿈이 있었다.

 지금까지 읽은 책 중 가장 기억에 남는 것은 무엇인가요?

하지만
13세 되던 해,
마을의 폭력배들에 의해
아버지가 돌아가시고

그는 제 발로
폭력 조직에 들어간다.

가족을 먹여 살리기 위해
남의 것을 훔치고
죽음의 약인 마약을 팔아야 했던
험하고 어두웠던 시간들…….

급기야 언젠가부터
그도 마약을 하기 시작했다.

꿈이란
케냐의 빈민가에 사는
소년이 갖기에는
너무 큰 사치임을 깨달으며

그곳에서
하루하루를 보냈다.

도둑이야~

그리고 25세가 되었을 때
죽음의 문턱에 선 청년.

'코카인 과다 섭취'

살고 싶은 마음이 간절해진 그는
신에게 한 가지 약속을 한다.

"저를 여기서 구해 주신다면
무엇이든 하겠습니다."

★ 코카인 : 사람을 해롭게 하고
이성을 잃고 환각 상태에 빠지게
하는 마약의 일종

다음 날,
죽을 고비를 넘기고 살아났을 때
청년의 눈에 들어온 아침 햇살은
너무나 아름다웠다.

청년은 살아난 것에 감사하며
새 삶을 살 것을 다짐한다.

그의 새로운 다짐!

'가난으로 굶주리고 폭력으로 고통 받고
마약으로 죽어가는 나와 같은 아이들을 위해
그들에게 기술을 가르쳐 주자.'

새 삶을 시작한 그는
13세 때 잃어버린 꿈을 생각했다.

인생의 고통 속에서도
잊히지 않았던 그의 꿈,

영국 유학!

그 꿈은
한 권의 책에서 시작된 것이었다.

그가 가슴에 품고 지냈던
그 책은
위대한 철학자의 책도
유명한 문학가의 책도 아니었다.

그 책은
누군가가 펼쳐 보다 버린,

그래서 그가 쓰레기 더미를 뒤지다 발견한

영국 맨체스터 대학교 입학 안내서.

25세가 돼서야
영국 유학의 꿈을 찾아나선 그의 이름은
'사미 기타우.'

정규 교육을 받은 기간은 단 2년

그 때문에 유학을 준비할 때
영국 이민국으로부터
비자 발급을 거부당하지만

비자 : 외국인의 출입국을
허가하는 증명

6개월의 노력 끝에
당당히 유학길에 오른다.

그리고 영국 맨체스터 대학교에서
국제개발학 석사 학위를 받은
가난한 케냐의 청년, 사미 기타우.

그의 논문 제목은
〈나이로비 빈민촌 개발〉.

사미 기타우는 케냐로 돌아가
가난한 아이들을 구제하는 일을
열정적으로 하고 있다.

오랫동안 마음에 간직한 꿈 하나가
자신과 사회를 변화시켰다.

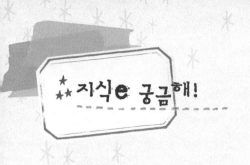

마약팔이 소년에서 빈민 구제 운동가로
변신한 사미 기타우

케냐 빈민가에서 자란 사미 기타우는 쓰레기 더미를 뒤지다가 우연히 영국 맨체스터 대학 안내 책자를 보고 영국 유학의 꿈을 꾸기 시작했어요. 하지만 13세 때, 아버지가 돌아가시자 꿈을 접을 수밖에 없었지요. 대신 가족을 먹여 살리기 위해 자기 발로 폭력 조직에 들어가 도둑질을 하고 마약을 팔았어요. 그러다 25세 때, 코카인을 너무 많이 먹어 죽을 고비를 넘겼는데 그때 불우한 청소년을 돕는 새로운 삶을 살기로 결심했답니다.

낮에는 자신과 비슷한 처지의 가난한 아이들을 돕고 밤에는 열심히 공부를 했어요. 기증받은 컨테이너를 마을 지원 센터로 만들어 아이들에게 목공과 봉제 기술도 가르쳤어요. 이를 보고 감동한 유럽 연합의 파견 직원들이 기타우의 영국행을 도왔다고 해요. 하지만 영국 이민국은 기타우가 정규 교육을 2년밖에 받지 못했다는 이유로 입국 비자를 발급해 주지 않았어요. 하지만 그는 포기하지 않았고 6개월간의 법정 투쟁 끝에 영국 땅을 밟게 되었지요. 꿈에 그리던 맨체스터 대학교에 입학한 기타우는 기부금으로 생활하면서 열심히 공부했어요. 학위를 따고 졸업 논문으로 상도 받았지요.

영국 신문 〈인디펜던트〉는 마약 팔이 소년에서 빈민 구제 운동가로 변신한 사미 기타우의 인생 역전을 '크리스마스의 기적'이라고 표현했어요. 사미 기타우는 케냐로 돌아가 아이들에게 보다 나은 환경을 마련해 주는 일을 하고 있답니다.

비정부 기구, NGO

NGO(Non-Governmental Organization)는 '나라나 정부와 관련되지 않은 비정부 기구, 비정부 단체'라는 뜻이에요. 정부에서 운영하는 기관이 아닌 시민 단체가 NGO에 해당돼요. 공공의 이익을 위해 활동하는 민간 단체로 국내 또는 국제 무대에서 여러 활동을 하고 있어요. 1863년 스위스에서 시작된 국제 적십자 운동이 NGO의 시작이에요. 이후 각국의 여론을 UN에 반영하기 위한 NGO들이 여러 나라에서 설립되었어요. 활동 영역은 인권·사회·정치·환경·경제 등 다양해요. 세계 자연 보호 기금(WWF), 핵 실험 반대와 자연 보호 운동 등의 활동을 펼치고 있는 그린피스(Greenpeace), 부당하게 처벌받는 사람들의 인권을 지켜 주는 활동을 벌이는 국제 사면 위원회(Amnesty) 등이 대표적인 NGO예요.

▸▸ 가장 오래 된 아동 구호 NGO 〈세이브더칠드런〉

세이브더칠드런은 전 세계의 가난한 아동을 돕는 국제적 NGO예요. 제1차 세계 대전 후 영국 여성 에글렌타인 젭에 의해 만들어졌어요. 1914년 시작된 제1차 세계 대전은 4년간 900만 명이 넘는 사람들의 목숨을 앗아가고 전 유럽을 황폐화시켰지요. 특히 패전국에서는 많은 사람들이 굶어 죽고 대규모의 전쟁 고아가 발생했어요. 에글렌타인 젭은 아이들을 돕기 위한 기금을 모아야겠다고 결심하고 1919년 '세이브더칠드런 펀드(기금)'를 모으기 시작했어요.

"우리에게는 단 한 가지의 목적이 있습니다. 한 명의 아이라도 더 구하는 것입니다. 우리에게는 단 한 가지의 규칙이 있습니다. 그 아이가 어느 나라 아이이건, 어떤 종교를 가졌건 상관없이 구해야 한다는 것입니다."

'적국의 아이들이라도 그들이 누려야 할 마땅한 권리를 보장해야 한다.'는 생각은 세이브더칠드런의 설립 취지예요. 현재 세이브더칠드런은 아프리카, 이라크, 동남아시아의 가난한 어린이들을 돕고 있어요. 우리나라는 1950년 한국 전쟁 후, 세이브더칠드런의 도움을 받았어요. 지금은 '세이브더칠드런 코리아'가 설립되어 세계 어린이들을 돕고 있답니다.

평화로 가는 길

아픔을
떨치고 가다

05 너무나 멀고 험한 〈집으로 돌아가는 길〉

★ 전쟁터에 끌려온 소년병들의 비극

책이 아닌 총을 들고 미워하지도 않는 누군가에게
총부리를 겨눠야 하는 아이들이 있다.
억지로 전쟁터에 끌려가 온갖 학대를 당하고, 전쟁터에서 빠져나와도
집으로 돌아가기 힘든 소년병들에 대해 생각해 보자.

학교에서 공부하는 나한테서
책과 연필을 빼앗아 가고
총을 쥐어 준다면
나는 어떨까?

지구의 다른 곳에는
그런 일을 겪는
친구들이 있다.

집이 아닌 전쟁터에서
자라야 하는
아이들.

 만약에 전쟁터에 끌려간다면 어떤 기분일까요?

전쟁에서 돌아온
아이들은

머리와 가슴에 새겨진
문신을 제거하고

부상과 고문으로 인한
상처를 치료하고

자신의 생명이었던 무기를
스스로 반납했다.

★
★★ 시에라리온 : 서아프리카 남쪽에
있는 나라. 1991년부터 2002년까지
11년간 내전을 겪었다.

누군가를 쏘는 것이
물 한 잔 마시는 것처럼 쉽게 느껴지던 그때,
나는 고작 열세 살이었다.

_(시에라리온의 이스마엘 베아, 26세)

그리고

재활원에서 기초 교육을 받으며

직업 훈련과

심리 치료를 받았다.

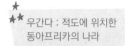

우간다 : 적도에 위치한
동아프리카의 나라

이곳에는 내가 반군들에게 잡혔을 때,

나를 때렸던 아이들이 함께 생활하고 있다.

하지만 여기에서 나는 설교를 듣고

그들을 용서할 수 있게 되었다.

_(우간다의 한 아이, 15세)

61

2014년 유엔 아동 기금은

전 세계 분쟁 지역에서

25~30만 명의

18세 미만 소년병들이

전쟁에 참여하고 있다고 추정했다.

"전 세계 23건의 분쟁 지역에서

4000여 명의 소년병이 전장에 동원돼

죽거나 다치거나 학대를 당했다."

_《어린이와 무력 분쟁 보고서》, UN, 2014년)

그런데
아이들은 어떻게 전쟁터에 가게 됐을까?

군대에 소년병을 두고 있는 국가에서는
아이들이 가족을 잃고 먹고 살기 위해
스스로 군대에 왔다고 말한다.

하지만
대부분의 소년병들은

"한밤중에 소변 보러 나왔다가……."
"마을 뒷산에 물을 길러 갔다가……."
"학교 가는 길에……."

강제로 납치를 당했다.

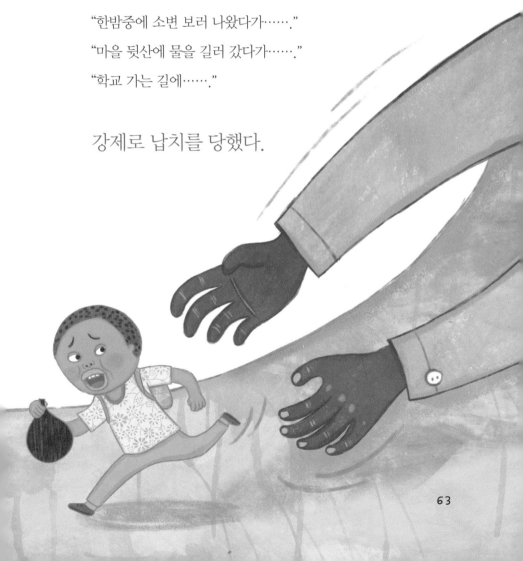

우간다 내전 당시 아이들은
납치를 피해 매일 8km 떨어진 피신처에 숨었다.

★
★★ 내전 : 한 나라 안에서
       일어나는 싸움

그러나
발각되어 전쟁터에 끌려간 아이들은
보초병, 스파이, 짐꾼,
식량 담당, 지뢰밭 탐지 등에 배치됐다.

전쟁터에서
돈을 요구하지도 않고
많이 먹지도 않으면서
위험한 임무를 해내는
아이들은
'꿈의 병사'로 불린다.

전투에 나가기 전
강제로 코카인을 맞은 아이들은
마약의 힘 때문에
두려움을 모르는 병사가 된다.

시민들을 다치게 하고
마을에 불을 지르고
사람을 향해 총을 쏘아 대는 소년 병사.

그러나 그들은
집으로 돌아가고 싶은
소년들일 뿐이다.

아빠와 엄마 그리고 우리 여덟 남매가
모두 함께 살았었죠. 너무 보고 싶어요.
가족들이 나를 창피하게 생각하지는 않겠지요?

_(시에라리온의 제임스, 6년 만에 귀가)

하지만
대부분의 아이들은 전쟁터에서
생을 마감한다.

전쟁에서 살아남은 아이들은
'죄책감' 때문에
집으로 돌아가지 못하는 경우도 많다.

또한
고향 마을에서는
전쟁터에서 온갖 만행을 저지른
그들의 귀환을 거부하기도 한다.

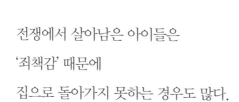

귀환 : 다른 곳으로 떠나 있던
사람이 본래 있던 곳으로 돌아감.

시키는 대로 남에게 상처 주고
자신도 망가질 만큼 상처 입은
가엾은 아이들은 어디로 가야 할까?

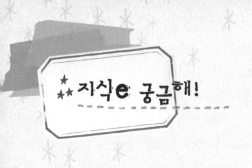

소년병들의 나라, 시에라리온

시에라리온은 아프리카에 위치한 세계에서 가장 가난한 나라 중 하나예요. 아프리카에서 비교적 작은 나라로 오랫동안 영국의 식민지였다가 1961년에서야 독립했어요. 하지만 정부와 정부에 반대하는 반군이 풍부한 천연자원인 다이아몬드를 서로 장악하려고 오랜 세월 동안 전쟁을 했어요. 시에라리온은 세계에서 가장 가난한 나라로 꼽히지만 다이아몬드와 철광석 등 천연자원이 풍부한 나라예요. 그러나 광물 수출에 따른 막대한 수입을 몇몇 관료들이 독점하고 있지요. 때문에 부패가 극심하고 빈부 격차가 심해 국민들의 생활은 매우 어렵답니다.

소년병이었던 이스마엘 베아

나라 안 싸움이 한창이던 아프리카 시에라리온에서 살던 이스마엘 베아는 랩과 힙합댄스를 좋아하는 평범한 소년이었어요. 그런데 12세에 친구들과 함께 이웃 마을에서 열리는 장기 자랑에 나가기 위해 집을 나섰다가 전쟁에 휘말리게 됐어요.

이스마엘 베아는 "내가 따라야 할 규칙은 죽이지 않으면 죽는다는 것뿐이었다. 나도 모르는 사이 내 어린 시절은 끝나 버렸고, 내 심장은 차갑게 얼어붙었다."고 고백했어요. 이스마엘 베아는 2년 동안 군인이 아닌 민간인으로 구성된 부대에서 소년 병사로 지냈어요. 소년병으로 수많은 전장을 돌아다니다 유니세프의 도움으로 전쟁터에서 빠져나올 수 있었지요. 그리고 시에라리온의 수도 프리타운에서 정신적으로 황폐해진 소년병들을 치료하는 프로그램에 참여해 심리 치료를 받았어요. 치료 초기에는 자신을 왜 이곳에 데려왔냐며 불만을 터뜨리고, 선생님을 공격하는 등 공격적인 성향을 보이기도 했어요. 다행히 안정을 찾아 전쟁의 상처를 치유하고 17세가 되던 1998년, 미국으로 건너가 뉴욕에 있는 UN 국제학교를 마쳤어요. 이스마엘 베아는 대학을 졸업한 후, 유니세프에서 주관하는 '소년병을 없애기 위한 국제회의'에 참석하는 등 어린이의 인권을 지키는 활동을 하고 있어요.

소년병이 남아 있는 국가

2014년 UN은 전쟁터에서 고통받는 소년병의 규모가 전 세계적으로 25~30만 명에 이를 것으로 보고 있어요. 어마어마한 수의 아이들이 집이 아닌 전쟁터에서 살고 있다는 거지요. 이들 중 상당수는 콩고 민주 공화국, 중앙아프리카 공화국 등 내전 중인 아프리카 국가들에 몰려 있지만, 다른 나라들에도 아직 소년병이 남아 있어요. 중동의 시리아에서는 8세밖에 안 된 자살 폭탄 테러 소년병이 발견돼 충격을 주기도 했어요. 소년병들은 중동 지역은 물론이고 미얀마와 필리핀 등 아시아 국가에도 남아 있지요.

이처럼 어린이들을 전쟁에 동원하는 이유는, 어린이는 어른에 비해 선악에 대한 판단이 미숙하고 죽음이 무엇인지 잘 모르기 때문이에요. 그래서 자기 보호 본능도 적어 위험한 일이라도 시키면 겁 없이 한대요. 그 점을 이용해 군대에서는 소년병들에게 아주 끔찍한 일을 시키기도 해요. 대부분은 강제로 끌려가 병사가 되지만 부모의 원수를 갚기 위해, 배고픔을 못 이겨 자발적으로 군대에 들어간 아이들도 있어요. 참으로 안타까운 일이에요.

소년병들은 일반 전투뿐 아니라 스파이, 지뢰 제거, 총알받이 등으로 가장 위험한 최전선에 투입돼요.

아프리카의 소년병들은 상상하기 힘든 잔인한 일도 많이 해요. 시에라리온이나 르완다 내전 당시 동원된 소년병들의 증언에 따르면 두려움을 잊게 하려고 전투에 나가기 전 강제로 코카인 주사를 맞히기도 했대요. 어린이들을 지켜 주어야 할 어른들이 오히려 어린이들의 손에 총을 쥐어 주는 현실 속에서 아직도 수많은 소년병들이 희생되고 있답니다.

▶▶ 차별 없이 어린이 구호 활동을 펼치는 〈유니세프〉

• 유니세프란? 전 세계 어린이들을 위해 일하는 UN 기구
• 언제 만들어졌을까? 1946년 12월 11일
• 누가 만들었을까? 모리스 페이트
• 하는 일은? 전쟁이나 가난으로 어려움에 처한 개발 도상국의 어린이 돕기

유니세프가 생겨난 이야기_ 전쟁의 가장 큰 피해자는 바로 어린이들이에요. 어린이들은 자신들이 일으키지도 않은 무서운 전쟁 때문에 가족을 잃거나 다치거나 꿈을 잃거나 목숨을 잃기까지 해요. 모리스 페이트는 제2차 세계 대전 후, 어린이들이 전쟁의 폐허 속에서 고통받는 모습을 보고 '어린이를 돕는 유엔 기구'를 만들자고 제안했어요. 그 제안을 바탕으로 1946년에 전쟁 피해국의 어린아이들을 질병, 굶주림으로부터 구호하고자 UN 특별 기구 '유니세프(국제 연합 아동 기금)'가 설립되었어요.

유니세프가 하는 일_ 맨 처음 유니세프는 유럽과 중국을 중심으로 활동했어

요. 한국 전쟁 이후에는 전쟁으로 인해 끔찍한 환경에 놓인 전 세계 아이들을 국가나 종교에 상관없이 돕기 시작했지요. 유니세프는 질병의 예방과 치료, 식량과 식수의 제공 등 어린이들이 기본적인 생활을 할 수 있도록 도와요. 뿐만 아니라 의료진 교육, 교육 기관 만들기, 교사 양성 등을 통해 아이들이 배우고, 꿈을 키울 수 있도록 도움을 주지요.

2005년 <세계 아동 보고서>에 따르면 10억 명의 아이들이 빈곤과 싸우고, 10억 명의 아이들이 위생적이지 못한 상황에서 살고 있으며, 2억 명 가량의 아이들이 의료 서비스를 제대로 받지 못한 채 죽음을 맞이하고, 1억 명의 아이들이 영양실조 상태에 놓여 있다고 해요.

그래서 유니세프는 '차별 없는 구호의 정신'을 바탕으로 어려움에 처한 어린이들의 인권과 복지 향상을 위해 노력하고 있어요. 전 세계의 어린이들이 안전하고, 건강하고, 행복하게 살아가는 꿈을 꾸면서 말이에요.

유니세프 한국 위원회

1950년 6월 25일 한국 전쟁이 일어나자 유니세프는 고통받는 우리나라 어린이들을 위해 대대적인 긴급 구호 활동을 시작했어요. 전쟁 후 1962년까지 전쟁으로 폐허가 된 우리나라의 어린이와 여성들의 긴급 구호를 위해 약 6300만 kg의 분유와 30만 장의 담요를 비롯해, 많은 식량과 의류, 비누 등의 생필품 등을 지원했지요. 특히 당시에 지원된 분유는 1000만 명의 어린이들이 1년 내내 하루 한 잔씩 마실 수 있는 막대한 분량이었대요.

이후로도 유니세프는 우리나라의 어린이와 여성들이 안전하고, 위생적으로 살아갈 수 있도록 도와주고 교육의 기회를 열어 주는 등 활발한 활동을 펼쳤어요. 그러다 1994년 1월, 마침내 대한민국에서도 '유니세프 한국 위원회'가 설립되었지요. 유니세프 한국 위원회는 개발 도상국 어린이들을 위한 모금 사업과 아동의 권리 홍보, 모유수유 권장 운동, 세계 교육 사업 등을 하고 있어요. 이렇게 우리나라는 도움을 받던 나라에서 도움을 주는 나라로 발전했답니다.

06 야누슈 코르착의 아이들, 〈어린이를 사랑하는 법〉

★ 전 세계의 어린이를 위하여!

제2차 세계 대전 당시 독일의 나치는
유태인이라면 어린이도 가리지 않고 학살을 서슴치 않았다.
이런 상황에서 유태인 어린이를 보호하려다 함께 희생된
폴란드의 의사 야누슈 코르착을 만나 보자.

제2차 세계 대전의 시작을 알리는

폴란드 전쟁의

최대 피해자는

폴란드 전쟁 : 1939년 9월 1일, 독일이 폴란드를 침공하면서 제2차 세계 대전이 시작되었다.

부모 잃은 유태인 고아들.

'길바닥에서는 아이들이 굶어 죽어 가는데,

고작 몇 알의 약이 도움이 될까?

더 많은 아이들을 구할 방법은 없을까?'

고민하고 고민한

의사

야누슈 코르착.

수많은 고민 끝에
그가 내린 결정은?

생각해 보기   주변에서 어린이를 가장 존중해 주는 어른은 누구인가요?

야누슈 코르착은
과감히
의사 생활을 그만둔다.

그리고

유태인 아이들을 돌보는
고아원의 원장이 된다.

아이들의 열, 기침, 구토를
관찰하는 소아과 의사에서

미소, 눈물, 얼굴빛을
관찰하는 교사가 된
야누슈 코르착.

그 고아원의 기본 원칙은
어린이에 대한 존중.

"어린이는
인간이 되는 과정이 아니라
이미 하나의 인간이다."

그는 어린이 스스로 규칙을 정하게 하고
좋아하는 요리를
선택할 권리를 주었다.

이곳에 오지 못했다면 세상에
공평한 규칙이 있다는 것도 몰랐을 거예요.
_(고아원의 한 남자 아이)

부모를 잃고 세상에서 버려졌던 아이들은
서서히 사람에 대한
새로운 믿음을 쌓아 갔다.

제2차 세계 대전은 끝날 줄 모르고

나치의 유태인 말살 정책이

점차 극으로 치닫던

1942년 8월,

★★ 유태인 말살 정책 : 독일의 히틀러는
나치당을 세워 유태인을 모두 없애야
한다며 말살 정책을 펼쳤다.

폴란드의 바르샤바역에서는

매일 수천 명의 유태인을 태운 열차가

죽음의 가스실로 출발했다.

마침내 그의 고아원에도
군인들이 들이닥쳤다.

"원장님이라도 얼른 피하십시오."

"나는 위험에 처해 있는 아이들을
버릴 수 없습니다."

야누슈 코르착은 의연히
군인들에게 기다려 달라 말하고
아이들을 다독이며
가장 좋은 옷을 챙겨 입힌다.

"자, 지금부터 소풍을 가는 거야.
길을 잃지 않도록 줄을 맞춰 가자."

가장 어린 아이들의 손을 잡고
천천히 앞장서서 걸어가는
야누슈 코르착.

"아이들을 밀지 말아 주세요.
놀라거나 겁에 질리지 않도록 해 주세요."
노래를 부르며 뒤따르는 아이들.

"원장님은 풀어 주라는 사령관의 명령입니다."

그러나
야누슈 코르착은
아이들 곁을 떠나지 않았다.

그는 아이들과 함께 열차에 올랐으며
가스실에서 숨을 거두었다.

그로부터 40여 년 후

야누슈 코르착의 생각을 근거로
1989년 'UN 아동 권리 협약'이 선포된다.

아동은 완전하고 조화로운 인격 발달을 위해
가정적인 환경과 사랑과 이해의 분위기 속에서
성장하여야 한다.
아동은 사회에서 한 개인으로 잘 살아갈 수 있도록
충분히 길러져야 하며
UN 헌장에 선언된 정신,
특히 평화 · 존중 · 관용 · 자유 · 평등 · 연대의
정신 속에서 자라나야 한다.
_(UN 아동 권리 협약 내용 중)

야누슈 코르착

야누슈 코르착(Janusz Korczak, 1878~1942)은 폴란드 바르샤바에서 태어났어요. 폴란드 태생의 유태인이었지요. 대학에서 의학을 공부하고 의사 생활을 하던 그는 전쟁 중에 고아가 된 아이들을 보살피기 위해 고아원을 차렸어요. 그리고 아이들의 인권이 무시되는 것을 목격하고 "어린이들은 없다. 다만 사람들이 있을 뿐이다."라며 어린이의 인권 보장을 강조했어요. 어린이들도 인격체로서 자율과 자유를 보장받아야 한다는 것이었지요.

실제 야누슈 코르착은 자신이 운영하던 고아원에 아이들끼리 운영하는 법정을 만들었어요. 아이들이 문제 의식을 가지고 그 문제를 스스로 해결하는 데 있어 선생님들까지 법정에 소환할 수 있도록 했지요. 어른과 똑같이 민주적인 원칙을 세워 실천하게 한 거예요.

그러나 나치의 유태인 말살 정책이 심해지자, 유태인인 코르착과 아이들은 바르샤바 게토 구역에서 지내야 했어요. 게토 구역이란 유태인들을 모아 놓은 감옥 같은 곳이었어요. 전쟁 중인 폴란드 곳곳에 게토 구역이 만들어졌어요. 한번은 그를 존경하던 이들이 문서를 조작해서 그를 게토 구역에서 탈출시키려 했어요. 하지만 코르착은 이를 거절했지요. 사랑하는 아이들과 지역 주민들을 버리고 홀로 탈출할 수 없었기 때문이에요.

그러던 1942년 8월 어느 날 아침, 코르착은 나치 군인들에 의해 포위되었어요. 이때도 코르착은 고아들과 선생님들을 내놓으면 목숨을 살려 주겠다는 나치의 제안을 뿌리쳤어요. 그리고 죽음이 예상되는 강제 수용소로 이주하는 날 고아원 아이들 200여 명 그리고 수십 명의 선생님들과 함께 기차역까지 행진을 했지요. 아이들은 4명씩 짝을 지어서 코르착이 쓴 동화책의 주인공인 마치 우쉬 왕의 깃발을 들고 걸어갔어요. 안타깝게도 야누슈 코르착은 그들과 함께 트레블린카에 있는 강제 수용소에서 목숨을 잃었답니다.

▸▸ 어린이의 권리를 선포한 〈UN 아동 권리 협약〉

UN 아동 권리 협약은 18세 미만 아동의 생명권, 의사 표시권, 고문 및 형벌 금지, 불법 해외 이송 및 성적 학대 금지 등 각종 기본권의 보장 내용을 담고 있어요. 이 협약에 가입한 나라는 이를 지키기 위해 법과 제도를 잘 갖추어야 해요. 그리고 협약이 정한 규칙에 따라 가입한 후 2년 안에 그리고 5년마다 어린이들의 인권 상황에 대한 보고서를 제출해야 해요.

UN 아동 권리 위원회(CRC, Committee on the Rights of the Child)는 UN 안에 있는 인권 기구로 아동 권리 협약에 가입한 나라들이 협약 내용을 잘 지키고 있는지 감시하는 일을 해요. 각 나라들이 제출한 어린이 인권 보고서를 심사하는 일이지요.

한국인 최초, UN 인권 기구의 수장이 된 이양희

이양희는 한국인 최초로 UN 인권 관련 기구의 수장이 된 여성이에요. 2007년 UN 아동 권리 위원회 위원장이 된 그녀의 큰 업적은 2011년에 '제3 선택 의정서'를 만든 거예요. 의정서란 외교적인 회의에서 결정한 사항을 기록한 국제 공문서예요. 이 의정서는 아동이 권리를 침해당했을 경우, UN에 직접 문제 해결을 요구할 수 있다는 내용을 담고 있어요. 획기적인 내용이라며 세계 각국의 반응은 좋았지만 나라마다 인권 상황이 달라 의정서가 채택되는 과정은 쉽지 않았어요. 하지만 이양희 전 위원장은 특유의 열성으로 반대하는 위원들을 설득했지요. 이를 계기로 아동 인권의 중요성이 더욱 강하게 인식되었어요.

07 평화를 배웁니다, 〈또 하나의 선택〉

★ 전쟁에서 배운 평화의 소중함

인류는 지금까지 수많은 전쟁을 겪어 왔다.
여러 지역에서 다양한 이유로 전쟁이 벌어졌다.
하지만 전쟁을 통해 인류가 배운 것은 '평화의 소중함'이다.
모두가 지켜야 할 평화에 대해 함께 생각해 보자.

2000년 25회

2003년 19회

2007년 17회

2008년 16회

2009년 17회

전 세계에서 '전쟁'이 일어난 횟수이다.

_〈〈군비·군축·국제안보 연감〉,
스웨덴 스톡홀름 국제평화연구소(SIPRI), 2010년)

전쟁은
계속 일어날 수밖에
없는 것인가?

 내가 생각하는 평화는 어떤 모습인지 말해 보세요.

우리가 살고 있는 세계에서는

1년에 15회 이상 전쟁이 일어나고,

연간 700억 달러(약 77조 원) 이상의

재래식 무기 매매가 이뤄진다.

재래식 무기 : 장갑차, 비핵
미사일 등 대량 살상을 일으키지
않는 무기

8개 나라가 보유하고 있는

핵무기는 무려 1만 7천여 개,

이 정도 무기면

지구를 25번이나 사라지게 할 수 있다.

_(스웨덴 스톡홀름 국제평화연구소, 2013년)

핵 보유국 : 미국, 러시아, 영국, 중국,
프랑스, 인도, 이스라엘, 파키스탄

폭력이나 전쟁은 자연적인 것이다.

그러나

평화는 인공적인 것이다.

_(퀸시 라이트, 전쟁 연구가)

뭐? 평화는 인공적인 것이라고?

정말로 그렇다면······.

"우리는 반드시 평화를 선택합니다."

이를 실천하기 위해

2003년 이라크 전쟁에 반대하며
전 세계 시위대가 일어났다.

2013년 4월 UN 총회에서는
'무기 거래 규제 조약'을 체결했다.

전 세계 250개 도시와
75개 아메리카 원주민 부족이
비핵 지대를 선언하고
핵무기 개발과 사용을 금지하는
운동을 벌이고 있다.

무기 거래 규제 조약 : 탱크, 미사일, 소형
화기 등 재래식 무기와 부품의 불법 수출을
통제하고 분쟁 지역으로 무기가 들어가지
못하도록 하는 장치로 마련된 조약

그리고 더 나아가

또 하나의 선택

"평화를 가르치고 배웁니다."

우리가 아이들에게 평화를 가르치지 않는다면
누군가 우리 아이들에게 폭력을 가르칠 것입니다.

_(콜먼 매카시, 미국 평화 교육 센터 소장)

이라크에서, 아프가니스탄에서,
나이지리아에서, 탄자니아에서
그린 그림들

평화를 열망하는 '세상'.

그 그림을 건네 받은

캐나다의 아이들이

다시 도화지에 그려서 보낸 것은

모두를 위한 '평화'.

_(캐나다 빅토리아 대학교 교육학과에서 진행한 평화 교육 내용 중)

우리는 교실의 경계를 넘어,
다른 사람들과 연결되는 것이
얼마나 중요한지 배웁니다.
처음에는 전쟁에 대한 생각에서 시작하지만,
점차 세계에 대한 생각을 담게 됩니다.

_(캐시 산포드, 빅토리아 대학교 교육학과 교수)

세계 유일의 분단국가인 대한민국,

우리도 평화를 배워야 하지 않을까?

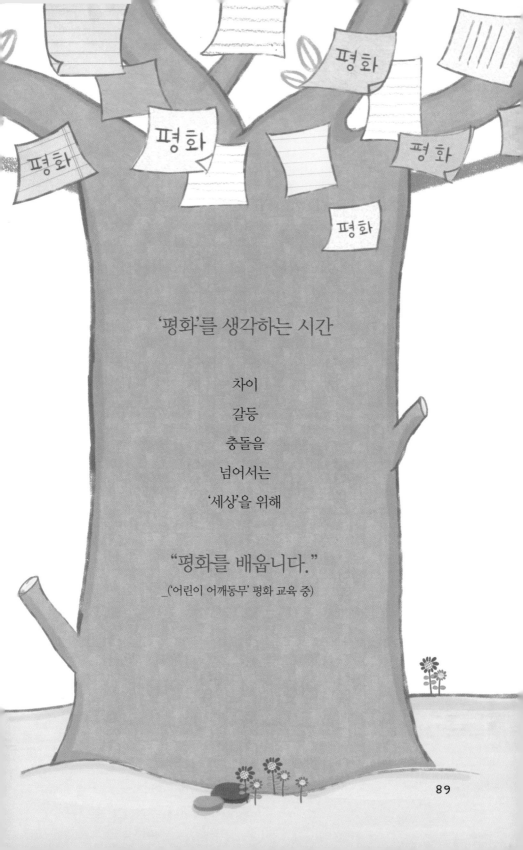

'평화'를 생각하는 시간

차이

갈등

충돌을

넘어서는

'세상'을 위해

"평화를 배웁니다."

_('어린이 어깨동무' 평화 교육 중)

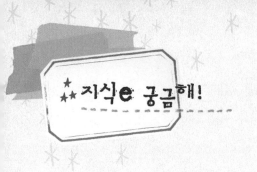

전쟁을 통해 평화의 소중함을 일깨운다

전 세계적으로 전쟁이 끊임없이 일어나고 있어요. 전쟁은 수많은 인명과 재산 피해를 일으키고 사람들을 가난과 질병으로 몰아넣어요. 특히 불쌍한 전쟁 고아를 만들어 내지요. 이에 세계의 NGO들은 고아들과 가난과 질병으로 허덕이는 사람들을 구호하는 활동을 활발히 하고 있답니다. 그리고 평화를 소중하게 생각하는 평화 교육에도 힘쓰고 있지요.

▶▶ 전쟁 지역에서 어린이를 구호하는 〈워 차일드〉

워 차일드(War Child)는 전쟁 지역의 어린이들을 돕기 위해 1993년 영국에서 설립한 비정부 기관이에요. 워 차일드는 전쟁 중인 나라의 어린이들이 보호를 받고, 생존의 권리를 지킬 수 있도록 도와줘요. 유고슬라비아 전쟁 때는 어린이들이 고통받는 끔찍한 모습을 방송으로 널리 알리며 구호 모금을 했어요.

워 차일드는 어린이와 청소년이 자유롭게 성장할 수 있고, 그들 모두에게 평화로운 세상을 만들 수 있는 잠재력이 있다는 것을 일깨워 줘요. 그리고 우리의 삶에 영향을 미치게 되는 중대한 결정에 자신의 목소리를 내며 참여할 수 있도록 도와주는 일을 해요.

워 차일드는 아프가니스탄, 부룬디, 체첸 공화국, 콜롬비아, 에티오피아, 이라크, 이스라엘, 코소보, 레바논, 라이베리아, 시에라리온, 스리랑카, 수단, 우간다, 팔레스타인에서 어린이들을 보호하고 교육하고 있어요. 또한 식량난을 겪지 않도록 도우며 심리 발달도 지원하고 있어요. 아이들의 생활 조건을 향상시키기 위해, 지역 단체와 협력해 구호 활동을 하기도 해요.

물론 이런 일을 하는 데는 비용이 많이 들어요. 사람들의 모금만으로는 다 채울 수 없기에 공공기관, 학교, 기업 등의 지원도 받고 있어요. 기업들과 예술가들이 워 차일드를 지원하기 위해 콘서트, 예술 박람회, 특별 이벤트를 열고 있어요. 성악가인 루치아노 파바로티나 비틀즈의 폴 매카트니와 같은 유명 아티스트들도 지원을 위해 수십 차례의 대규모 콘서트를 열고 음반도 제작했어요.

평화를 가르치는 평화 교육

평화 교육이란 평화를 기본으로 한 새로운 국제 질서를 만들어 가는 교육을 말해요. 구체적으로는 전쟁을 반대하고 살상 무기를 없애야 한다는 것을 가르치지요. 평화 교육의 유래는 17세기 체코의 교육자 요한 아모스 코메니우스(1592~1670)가 30년에 걸친 종교 전쟁을 돌아보며 평화 교육이 필요하다고 주장한 데서 시작됐어요. 이후 근대의 국가에서는 국가에 대한 충성심을 지나치게 강조한 나머지 국가 간의 대립이 발생했어요. 일례로 19세기 말 일본은 학교 교육을 통해 적극적으로 전쟁에 나서야 한다고 가르쳤어요. 교육을 통해 전쟁을 부추기고, 다른 나라를 침략하는 것을 당연하게 받아들이게 한 것이지요. 일본의 예는 평화 교육이 얼마나 중요한지 역설적으로 알려 주고 있어요.

제1차 세계 대전의 참화를 경험한 프랑스 교원 조합도 평화 교육을 강조했어요. 전쟁이 끝난 후 프랑스와 북유럽 국가에서는 전쟁을 부추기는 교재를 사용하지 않는 운동을 전개했지요. 제2차 세계 대전 후에는 전쟁에 대한 반성과 비판 의식을 더욱 높여, 평화에 대한 교육에 힘을 기울였지요. 국제적으로 유네스코는 헌장에 '사람의 마음속에 평화의 성벽을 쌓는다.'며 앞장섰답니다.

1972년 핵 전쟁의 위기가 높아지는 가운데 유네스코는 '국제 이해·국제 협력·국제 평화를 위한 교육 및 인권과 기본적 자유에 대한 교육'을 발표했어요. 국제 협력에 의한 평화 교육을 강화하고, 구체적으로는 가맹국 간에 역사와 지리 등의 교과서를 교환하는 활동을 주도했어요. 다른 나라의 문화와 관습을 이해하고 서로 돕는 관계가 되도록 유도한 것이지요.

08 중남미 지역의 전쟁을 끝낸 〈평화의 오아시스〉

★ 스스로 평화를 선택한 나라들의 이야기

수없이 전쟁이 일어나는 중남미 지역에서
'평화의 오아시스'가 된 코스타리카.
스스로의 힘으로 나라의 평화를 이루고, 주변 국가에까지
평화를 진파한 코스타리카의 이야기를 들어 보자.

영토 분쟁의 회오리 속에
황폐해진 중남미 지역

그러나 그곳에도 평화는 있다.

"그곳은
평화의 오아시스와 같은
존재이다."
_(프랑스 시사 주간 〈쿠리에엥떼르나시오날〉)

사막의 오아시스처럼 귀한,

평화가 머무는
그곳은 어디일까?

 전쟁을 끝내고 평화를 찾기 위해서는 무엇을 해야 할까요?

1948년 대통령 선출에 대한
부정 선거를 둘러싸고 일어난
단 6주간의 내전으로
약 2000명의 국민들이 사망하는
비극을 겪고

1949년 '평화 헌법'을 제정한
코스타리카.

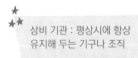
상비 기관 : 평상시에 항상
유지해 두는 기구나 조직

"더 이상 국민들이
서로에게 총을 겨누는 일은 없어야 한다."

'상비 기관으로서의 군대를 금지한다.'
_코스타리카 헌법 12조)

국민들 스스로 무기를 버린 나라
코스타리카.

과테말라   온두라스

엘살
바도로

니카라과

코스타리카

국민들은 군대 대신
국내 치안과 국경 경비를 위한
시민 경비대를 만들었다.

하지만
계속되는 주변 국가들의 내전으로
불안한 국경 지대,

바로 이때
미국은 코스타리카에
인접 국가인 니카라과의
공산 정권 반대 세력을 지원하기 위한
군사 기지 건설을 요구했다.

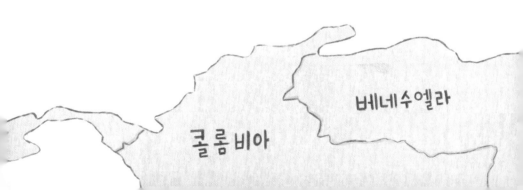

"외국 부대 주둔은
평화 헌법에 위배된다."

1983년
영구적, 적극적
비무장 중립 선언.

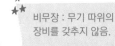

★
★★ 비무장 : 무기 따위의
장비를 갖추지 않음.

★
★★ 중립 : 국가 사이의 분쟁이나
전쟁에 관여하지 아니하고
중간 입장을 지킴.

96

"코스타리카는
제3국의 전쟁이나 무력 분쟁에
개입하지 않을 것이다."

세계 각국 지도자들의 지지가 이어지고
미국도 결국 인정했다.

"우리나라의 평화를 위해서는
주변 국가들도 평화를 유지해야 한다."

1986년 대통령이 된
오스카르 아리아스 산체스 대통령은

주변국의 평화를 위해
내진 즉각 중단, 무기 감축,
언론의 자유 등이 포함된
평화안을 제시하며
적극적인 외교 정책을 펼쳤다.

★★ 오스카르 아리아스 산체스(1940~) :
코스타리카의 전 대통령. 중남미 주변국의
분쟁을 중재해 1987년 노벨 평화상을 수상

그 결과

1987년 체결된
중남미 5개국 간의 '평화 협정'.

칼이 아니라 쟁기를
창이 아니라 낫을 원조해 주기를 바라며
어떤 상황에서도 간섭하지 말고
중남미의 장래는
중남미의 손에 맡겨 주길 바란다.

_(아리아스 대통령, 노벨 평화상 수상 연설 중)

코스타리카

엘살바도르

온두라스

평화 헌법 제정 60여 년.

코스타리카는 현재 국가 예산의
30%를 교육에 투자,
중남미에서 가장 낮은 문맹률을 자랑한다.
_(〈평화학 연구 제10권〉, 2009년)

코스타리카 국민의 85%는
자신의 삶에 만족한다.
코스타리카는 전 세계 143개국 중
국가별 행복 지수 1위 국가이다.
_(영국 신경제 재단, 2009년)

사막의 오아시스는
여행자의 생명을 구하고,
중남미 지역
평화의 오아시스는
전쟁으로부터 사람들을 구했다.

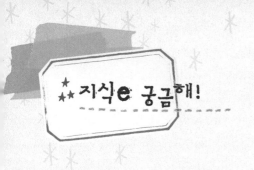

평화의 오아시스, 코스타리카

코스타리카는 중남미에서 민주주의 정치가 가장 확고히 정착한 나라예요. 교육 수준이 높아 아메리카 대륙에서 문맹률이 가장 낮은 나리이기도 해요. 뿐만 아니라 의료 시설도 잘 발달돼 안전하고 편안하게 살 수 있지요.

이외에도 코스타리카는 전 세계에 몇 안 되는 '군대가 없는 나라'로도 유명해요. 군대가 없는 나라들은 그레나다(Grenada), 키리바시(Kiribasi) 등 대부분 작은 국가들인데, 코스타리카는 상대적으로 국토 면적이 큰 데도 불구하고 군대가 없어 주목을 받고 있어요. 1948년 코스타리카 내전에서 승리한 호세 마리아 피게레스 올센 대통령은 12월 1일 군대를 해산시키고, 다음 해 헌법에 군대 폐지 조항을 만들어 넣었어요. 이후로 지금까지 군대 대신 경찰이 공공 치안과 국경을 수비하는 역할을 담당하고 있답니다.

오스카르 아리아스 산체스

오스카르 아리아스 산체스(1940~   )는 코스타리카의 정치인이에요. 1986년부터 1990년까지 코스타리카의 대통령으로 활동했어요. 그리고 2006년 다시 대통령에 당선되어 2010년까지 재임했지요. 1986년 첫 대통령 취임 후, 아리아스는 가까운 중앙아메리카 국가들과의 관계 개선과 평화를 위해 힘썼어요. 평화 안을 제안하면서 주변 나라들을 협상 테이블로 이끌어 냈지요. 아리아스의 노력은 1987년 8월, 코스타리카와 과테말라, 엘살바도르, 온두라스, 니카라과가 평화 안에 서명하는 결과를 만들어 냈어요. 이 공로로 아리아스는 1987년 노벨 평화상을 수상했지요.

1990년, 아리아스는 라틴 아메리카에서는 드물게 대통령 임기를 평화롭게 마치고 물러났어요. 그 후에는 평화 재단을 설립하고 국제 평화 운동과 인권 운동에 헌신했어요. 그러다 2006년 대통령 선거에 다시 출마, 당선되었고 인근 국가들의 갈등 상황을 평화롭게 해결하기 위해 노력했답니다.

▸▸ 평화를 위해 태어난 국제기구 〈UN〉

- UN이란? 전쟁 방지와 평화 유지를 위해 설립된 국제 평화 기구
- 언제 만들어졌을까? 1945년 10월 24일
- 누가 만들었을까? 영국, 프랑스 등 연합국의 주도로 만들었어요.
- 하는 일은? 전 세계에 전쟁이 일어나지 않도록 평화를 위해 일해요.

UN이 생겨난 이야기

국제 평화 기구인 UN은 전쟁 속에서 핀 꽃에 비유돼요. 세계 대전 끝에 여러 국가들이 머리를 맞대고 평화를 위해 만든 기구이기 때문이에요. UN을 설명하려면 두 차례의 세계 대전을 이야기해야 해요. 제1차 세계 대전은 많이 들어 봤지요? 1914년 7월 28일 오스트리아가 세르비아에 선전 포고를 하며 시작된 전쟁으로 1918년 11월 11일 독일의 항복으로 끝이 났어요. 영국, 프랑스, 러시아 등의 연합국과 독일, 오스트리아의 동맹국이 중심이 되어 싸운 전쟁이에요.

제1차 세계 대전이 끝나고 승리한 연합국을 중심으로 '국제 평화와 안전을 유지하고 경제적, 사회적으로 국제적인 협력을 도모하자'는 목적으로 1920년, 국제 연맹이 설립됐어요. 미국 대통령 토머스 윌슨이 1918년 1월, '평화를 위한 14개 조항'을 선포한 것을 계기로 세계사에 등장했지요. 본부는 스위스의 제네바에 있었어요.

그런데 1939년, 또 다시 제2차 세계 대전이 일어났어요. 제2차 세계 대전은 1939년부터 1945년까지 유럽, 아시아, 북아프리카, 태평양 등지에서 독일, 이

탈리아, 일본을 중심으로 한 주축국과 영국, 프랑스, 미국, 소련 등을 중심으로 한 연합국 사이에 벌어진 어마어마한 규모의 세계 전쟁이에요. 지금까지 인류 역사에서 가장 큰 인명과 재산 피해를 낳은 전쟁이지요.

그런데 이상하지요? 제1차 세계 대전 후에, 국제 평화를 위해 만들었던 국제 연맹은 도대체 무엇을 했길래 제2차 세계 대전이 일어났을까요?

국제 연맹은 시작은 좋았지만 실패한 단체였어요. 처음엔 국제 평화를 위해 일을 하기도 했지만 나라 간의 이익 문제가 서로 충돌하면서 조정이 힘들어지면서 힘이 점점 약해졌어요. 국제 연맹의 실패를 거울삼아 제2차 세계 대전 중 연합국 측은 좀 더 일반적이고 온 세계가 참여하는 국제 평화 기구를 만들어야겠다고 생각했어요.

첫 단계로 1941년, 영국과 프랑스 등 14개국 대표가 모여서 새로운 국제 조직 UN을 창립했어요. UN(United Nations, 국제 연합)이라는 말은 1942년 미국의 루즈벨트 대통령이 공식적으로 처음 사용했어요. 이후 헌장을 만들고 많은 나라들이 서명을 하면서 1945년 10월 24일 공식 출범했어요. 매년 10월 24일을 UN의 날로 기념하고 있지요. UN 본부는 미국 뉴욕시에 있어요. UN의 회원국이 되려면 헌장에 규정된 의무를 수락하고, 헌장의 의무를 지킬 의사와 능력을 갖춰야 해요.

우리나라는 1991년 9월 17일 제46차 총회 때 UN에 가입했어요. 이때 북한(조선민주주의인민공화국)도 함께 가입했지요. 2014년 현재 총 193개국이 회원국으로 가입돼 있어요.

UN이 하는 일

UN의 주요 활동은 크게 세계 평화 유지 활동과 각 나라의 군사 비용 축소 활동, 국제 협력 활동으로 나눌 수 있어요.

• 세계 평화와 안전 유지 : 세계 대전과 같은 대규모 전쟁을 방지하고, 한정된 지역에서 이루어지는 전쟁인 국지전에 개입하여 분쟁을 조정해요. 일례로, UN은 1978년 레바논에 감시군을 보냈고, 1999년까지 크로아티아·유고슬라비아공화국·시에라리온 등에도 평화 유지군을 보냈어요. 평화 유지군은 이런 공로를 인정받아 1988년에 노벨 평화상을 수상했어요.

UN 회원국 중의 하나인 우리나라는 1993년 소말리아와 1999년 동티모르, 2001년 아프가니스탄, 2003년 이라크, 2010년 아이티, 2013년 남수단 등 여러 나라에 국제 평화 유지군을 파병했어요.

- 군비 축소 : UN은 1946년 원자력 위원회를 만들어 원자폭탄을 비롯한 대량 살상 무기와 군비 및 무장 병력 제한에 합의하고 결의안을 채택했어요. 그 후로도 핵무기 사용, 핵 실험 금지, 핵 확산 방지 등을 위해 노력하고 있어요.

- 국제 협력 : 경제적·사회적·문화적 차원에서 세계 여러 나라 간의 교류와 협력을 증진시키는 활동을 해요. 특히 선진국과 후진국의 빈부 격차를 해소하기 위해 1964년 UN 무역 개발 회의(UNCTAD)를 만들고, 경제 발전이 뒤떨어진 개발 도상국의 수출품에 대한 세금 인하 등의 특혜 조치를 인정했어요. 2001년 세계 평화에 기여한 공로가 인정되어 UN은 전 사무총장 코피 아난과 공동으로 노벨 평화상을 받았어요. 2007년 1월, 한국인 최초로 반기문 사무총장이 취임했고, 이후 연임하여 총 10년간 사무총장으로 일하게 되었어요.

반기문 UN 사무총장

우리나라 어린이들이 존경하는 인물, 닮고 싶은 인물 중 한 사람이 바로 반기문 UN 사무총장이라고 해요. 반기문은 2007년 1월부터 UN 사무총장으로 193개 회원국이 참여하고 있는 UN의 최고 책임을 맡고 있어요.

그는 아시아에서 탄생한 두 번째 UN 사무총장이에요. 첫 번째는 1961년 UN 사무총장이 된 미얀마의 우탄트 전 사무총장이었어요.

반기문은 2010년에 5년의 임기를 성공적으로 마치고 다시 선출되어 사무총장의 일을 하고 있어요. UN의 사무총장은 4만 명에 이르는 직원을 거느리고 1조 3000억 원의 예산을 집행할 수 있는 권한을 가지고 있어요. 이런 막강한 권한을 국제 분쟁 중재와 화해, 평화의 메신저 역할을 하는 데 쓰고 있지요.

09 전쟁이 낳은 또 다른 고통, 〈환상통〉

★ 잃어버린 팔과 다리가 아프다?

지뢰 때문에 다리를 잃고 환상통을 겪는 이들이 있다.
잃어버린 신체에서 아픔을 느끼는 환상통.
전쟁의 상처 때문에 여전히 고통 받는 사람들의 이야기를 들어 보고
전쟁의 피해에 대해 생각해 보자.

한국 전쟁 이후 39년간
매설돼 왔던 지뢰.

지뢰 피해자 중
상당수가 앓고 있는 병
환상통.

★★ 매설 : 지뢰, 수도관 등을 땅속에
묻어서 설치하는 것

★★ 환상통 : 더 이상 존재하지 않는
신체 일부에서 통증을 느끼는 것

"밤이 되면 이상하게
발가락이 쑤시고 아파⋯⋯."

이들의 고통은
어디에서 시작된 것일까?

 몸이 가장 아팠던 때는 언제였나요?

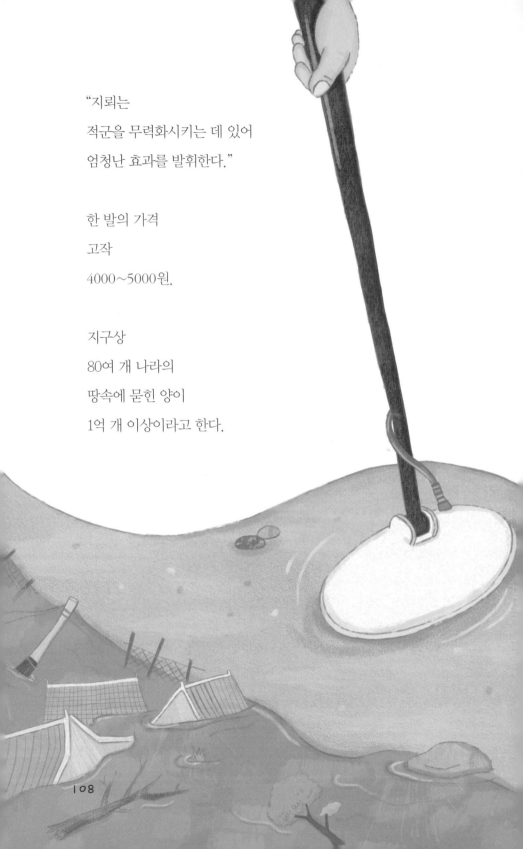

"지뢰는
적군을 무력화시키는 데 있어
엄청난 효과를 발휘한다."

한 발의 가격
고작
4000~5000원.

지구상
80여 개 나라의
땅속에 묻힌 양이
1억 개 이상이라고 한다.

밟거나 압력을 가해야만 폭발하는

누군가 접근해 피해를 입기 전에는
찾을 수 없는
은밀한 무기

전쟁이 끝났다 해도
찾아내기 어려운
은밀한 무기

★★ 대인 지뢰 : 사람을 죽이거나
다치게 하려고 만든 지뢰. 가볍게
밟아도 터지는 폭발물이다.

대인 지뢰.

1953년 7월 27일
남과 북의 휴전 협정이 맺어지고
250km 휴전선이 만들어진다.

그리고
군사 분계선으로부터
남과 북으로 각각 2km씩 만들어진
비무장 지대(DMZ)

비무장 지대로부터 남쪽 5~20km에 쳐진
민간인 통제선,

민통선.

★★ 군사 분계선 : 전쟁을 하는 두 나라
사이에 휴전이 제의되었을 경우
그어지는 군사 행동의 경계선으로
우리나라는 휴전선으로도 불리운다.

민통선을 설명하는 다른 말

지뢰 밀집 지역.

1950년대 말부터
민통선 해제 지역에 들어와 살 사람을 모집했다.

"개간한 땅은 가질 수 있다."

갈 곳이 없어 떠돌던
사람들이 모여들어
땅을 일구기 시작했다.

그런데
땅을 일구고 농사를 짓는 동안
드러나기는 시작하는
지뢰.

한국 전쟁 이후
민간인 지뢰 피해자는 2000여 명에 달한다.
_(한국 대인 지뢰 대책 회의)

지뢰로 가족을 잃고
터전을 잃은 사람들

그리고 그들에게 남겨진
또 하나의 고통

"팔이 아파서 잘 수가 없어."

잃어버린 신체에서 전해지는
환상통.

그리고
여전히 해마다 장마철이면
홍수로 지뢰가 떠내려올까 봐 불안에 떠는
사람들이 있다.

세계의 여러 사람들이
인명 피해 없이
지뢰를 찾아내거나 폭발시키는
기구를 개발하는 등
지뢰 제거에 온 힘을 쏟고 있다.

위험한 지뢰가
지구상에서
하루 빨리 사라지기를!

인류가 개발한 최악의 무기 '지뢰'

대인 지뢰는 적군이 특정 지역에 접근하지 못하게 하기 위해 개발됐어요. 보통 10cm 이하의 크기로 색깔과 모양이 눈에 잘 띄지 않고, 3kg 정도의 무게에도 민감하게 반응하기 때문에 굉장히 위험해요.

오랫동안 내전을 겪고 있는 앙골라에는 인구수보다 많은 지뢰가 묻혀 있대요. 심각한 지뢰 피해로 앙골라 국민들의 기대 수명까지 낮아졌을 정도지요. 또 오랜 전쟁을 겪었던 캄보디아에도 엄청난 지뢰가 묻혀 있어서 수많은 지뢰 피해자를 발생시켰으며 현재까지도 그 위험이 크다고 해요.

지뢰 1발을 생산하는 비용은 불과 3~5달러예요. 하지만 지뢰를 찾아내서 폐기하는 데는 1발 당 1000달러가 든대요. 국제 지뢰 금지 운동은 국제 사회의 도움을 받아 지뢰 퇴치를 위해 노력하고 있어요. 우리나라의 비무장 지대에도

많은 지뢰가 매설된 것으로 알려져 있어요. 한국 전쟁 때문에 생긴 일이에요. 사람의 생명을 앗아가고 많은 상처를 남기는 지뢰가 이 지구상에서 빨리 사라지도록 노력해야 해요.

지뢰 퇴치 운동의 창시자, 조이 윌리엄스

미국의 교사이자 반전 운동가였던 조이 윌리엄스는 1991년, 지뢰 금지 국제

운동을 창설했어요. 그는 크고 작은 내전
이 많던 중앙아메리카에서 전쟁의 심각한
피해를 눈으로 보았어요. 그리고 1991년
베트남 퇴역 군인 재단의 회장을 만나 베
트남 피해자 중 상당수가 지뢰 피해자인
것을 확인하고 지뢰 퇴치 운동을 벌이게 됐지요. 그리고 같은 해 12월 75개 단
체를 모아 국제 지뢰 금지 운동을 창설했어요. 조이 윌리엄스는 지뢰가 전투
지역뿐만 아니라 아이들이 노는 강둑이나 운동장 등에도 매설돼 있다고 상기
시키며, 지뢰 퇴치에 대한 국제적인 관심과 지원이 필요하다고 말해요. 조이
윌리엄스는 1997년 '지뢰 금지 국제 운동'과 함께 노벨 평화상을 수상했어요.

▶▶ 지뢰를 없애는 단체 〈국제 지뢰 금지 운동〉

전 세계에서 매년 수많은 사람들이 지뢰로 인해 죽거나 부상을 입고 있어요. 그
런데 피해자 중 80%는 전쟁을 하는 군인이 아니라 일반인이에요. 그리고 그
중 30%는 어린아이들이에요.

국제 지뢰 금지 운동(ICBL, International Campaign to Ban Landmines)은 지뢰에
의한 심각한 피해를 세상에 알리기 위해 만들어진 단체예요. 미국의 베트남 퇴
역 군인 재단, 국제 의학 협회, 국제 NGO들이 모여 설립한 국제 조직이지요.
현재 많은 나라에서 참여하고 있는데, 이 단체는 더 이상 지뢰를 설치하지 말고
매설되어 있는 지뢰를 제거하자고 목소리를 높여요. 누구나 안심하고 뛰어 놀
수 있도록 지뢰 없는 세상을 만드는 것이 목표지요.

국제적으로 지뢰 제거를 위한 방법을 찾고, 여러 나라들과 지뢰 금지 협정을
추진하고, 각종 지뢰 제거 지원 프로그램을 펼쳐요. 지뢰가 얼마나 위험한지를
세상에 알리는 일과 지뢰로 인한 피해자들을 돕는 일, 그리고 많은 나라들이
지뢰 설치를 하지 않고 이미 설치된 지뢰를 제거하는 일에 힘쓰도록 노력하고
있어요.

함께 누리는 인권

약자를
지켜 내다

인간이 인간답게 살기 위한 〈최소한의 목록〉

★ 인간으로서의 권리, 인권!

인권은 당연히 지켜져야 할 권리임에도
이를 보장하기 위해서는 특별한 제도가 필요하다.
그만큼 지켜지지 않는 곳이 많기 때문이다.
인권을 보장하는 선언에는 무슨 내용이 있는지 살펴보자.

나

너

우리 모두가

똑같이 누려야 할

권리가 있다.

인간이기에 가지게 되는

기본적인 권리

뱃속에서부터 시작되는

인권!

 나의 인권이 무시됐다고 느낀 적이 있나요?

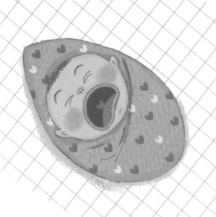

당신은 태어날 때부터
자유롭고 존엄합니다. _(제1조)

당신은
신체의 자유와
신체의 안전을 누릴 수 있습니다. _(제3조)

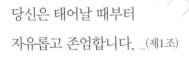

당신의 직업은
당신이 자유롭게 선택할 수 있고
그 일은 언제나
동등한 노동에 동등한 보수가 보장되며 _(제23조)

열심히 일한 당신은
정기적으로 휴가를 떠날 수 있습니다. _(제24조)

당신은

누구의 간섭도 받지 않습니다.

당신이

어디에 살 것인지, _(제13조)

당신이

어떤 의견을 가질 것인지, _(제19조)

사생활, 가정, 통신에 대해서

어떤 간섭도 받지 않습니다. _(제12조)

당신과 당신의 배우자 두 사람은

언제나 동등해야 합니다. _(제16조)

혹시 당신이

통제할 수 없는 상황 때문에

생계가 어려워졌을 때는

사회보장의 혜택을 받을 수 있습니다. _(제25조)

그리고 어떤 저녁에는

아름다운 예술에 감동하고,

과학이 발달하는 만큼

편리한 세상을 누릴 수 있습니다. _(제27조)

당신은

이 모든 권리와 자유를 누릴

자격이 있습니다.

모든 사람은

이 모든 권리와 자유를 누릴

자격이 있습니다. _(제2조)

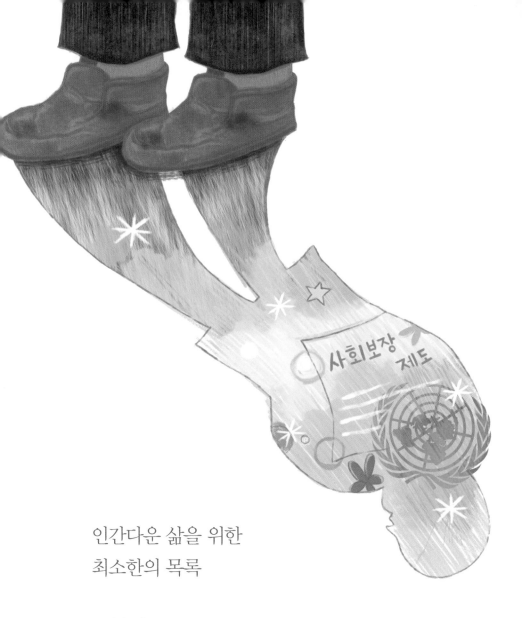

인간다운 삶을 위한
최소한의 목록

그것은 바로,
'세계 인권 선언' 30개 조항입니다.

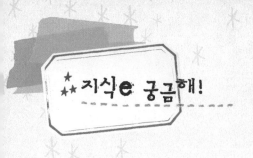

세계 인권 선언

세계 인권 선언은 1948년 12월 10일 파리에서 개최된 제3차 UN 총회에서 채택된 선언이에요. '모든 인간은 태어날 때부터 자유로우며, 누구에게나 동등한 존엄성과 권리가 있다. 인간은 타고난 이성과 양심을 지니고 있으며, 형제애의 정신에 입각해서 서로 간에 행동해야 한다.(제1조)' 세계 인권 선언은 인간의 기본적인 자유와 권리가 어떤 사람이든, 어디에서든 똑같다는 것을 세계 최초로 인정하고 자세히 기록하고 발표한 선언이에요.

제2차 세계 대전으로 많은 사람의 인권이 무시된 상황에서 UN은 인권이 존중되어야 평화도 유지된다는 생각으로 세계 인권 선언을 채택했어요. 세계 인권 선언은 세상의 모든 인간과 국가가 달성해야 할 인권 존중의 기준을 담고 있으며, 수많은 국가의 헌법과 법률에 반영되어 있어요.

▸▸ 인권 관련 국제기구

국제 인권 감시단(Human Rights Watch)

인권이 무시되고 있는 위반 사례를 조사하고, 인권 정책들을 보호하는 국제 인권 감시 단체예요. 이 단체는 국제적인 인권 기준이 모든 사람에게 적용되어야 한다는 목표를 가지고 일해요. 다양한 배경을 가진 전문가가 모여 나라 안의 인권이나 다른 나라의 인권이 잘 지켜지고 있는지 감시해요.

국제 인권 협회(ISHR, International Socienty for Human Rights)

1984년 인권법과 인권을 지키려고 활동하는 사람들을 지원하기 위해 설립되었어요. 설립 이후 UN과 지역의 인권 시스템, 인권 옹호자들, 학계와 지속적인 협력을 이끌어내 인권 활동의 영향력을 키우는 데 크게 기여했어요.

국제 인권 연맹 FIDH(International Federation for Human Rights)

1922년에 설립된, 세계적으로 가장 오래된 국제 인권 기구예요. 세계 인권 선언에서 설명하고 있는 모든 권리의 존중과 희생자들의 인권 보호, 인권 침해 방지, 인권 관련 범죄자들의 효과적인 개선을 목표로 활동하고 있어요. 프랑스의 파리에 본부가 있고 세계 100개 국가에 178개 단체가 가입해 활동하고 있어요.

인권 운동가, 넬슨 만델라

넬슨 만델라는 남아프리카 공화국 최초의 흑인 대통령이자 인권 운동가예요. 1950년대, 남아프리카 공화국에는 엄격한 흑인 차별 정책이 있었어요. 흑인들은 백인들이 사는 도시에는 아예 들어갈 수가 없었는데 그 도시에는 병원, 학교와 같이 꼭 필요한 시설들이 있었어요. 흑인들은 버스와 같은 대중교통도 백인들과 함께 이용할 수 없었어요. 이렇게 흑인과 백인을 강제로 나누어서 살게 하는 정책을 인종 차별 정책(아파르트헤이트)이라고 해요. 만델라는 아프리카 민족회의를 중심으로 이런 차별 정책에 대해 불복종 비폭력 운동을 벌였어요. 간디처럼 싸우지 않고 투쟁하는 방법이에요. 그런데 1960년 3월 어느 날, 요하네스버그 남쪽 샤프빌 마을의 대규모 집회에서 경찰이 총을 쏘아 수많은 흑인 시민들이 죽임을 당하는 사건이 발생했어요. 만델라는 이 사건을 흑인 '학살' 사건이라며 폭력 투쟁을 시작해요.

그 후로 오랜 세월 만델라는 아프리카 흑인들의 자유와 민주주의, 인권을 위해 싸웠고 이로 인해 수십 년을 감옥에서 지냈어요. 감옥에서 풀려난 만델라는 1994년 남아프리카 공화국 최초의 흑인 참여 자유 총선거에서 대통령으로 선출되었어요. 그리고 마침내 남아프리카 공화국의 아파르트헤이트는 사라졌고, 350여 년에 걸친 인종 간의 싸움도 끝났어요. 만델라는 1993년 남아프리카 공화국의 인종 차별 정책을 없앤 공을 인정받아서 노벨 평화상을 수상했어요.

11 어린이 헌장을 지키자, 〈오늘은 어린이날〉

★ 모든 어린이들이 행복한 날을 위하여!

"어린이는 따뜻한 보호를 받으며 잘 자라야 한다."
어린이의 권리와 행복을 위해 만든 어린이 헌장.
그럼에도 충분히 보호받지 못하는 어린이들에 대해 생각해 보고,
어린이의 권리를 누구나 누릴 수 있는 방법을 생각해 보자.

♬♪

"5월은 푸르구나
우리들은 자란다.
오늘은 어린이날
우리들 세상." ♪♩

방정환 선생님이
대한민국 어린이들을 위해 만든
어린이날,
5월 5일.

어떻게 하면
모든 어린이들이 행복해질까?

 내가 행복한 이유와 행복하지 못한 이유를 말해 보세요.

어린이가 누려야 할

권리와 복지를 위해

꼭 지켜야 할 일을 정하고 선언해서

사회 전체가 이를 지켜 주고

어린이 스스로도

자신의 권리를 알 수 있도록 제정된

어린이 헌장.

어린이 헌장의 내용은 무엇일까?

잘 지켜지고 있을까?

어린이 헌장 1조

"어린이는
건전하게 태어나
따뜻한 가정에서 사랑 속에 자라야 한다."

그러나
이 땅에서 태어나
부모 품에 안겨 보지도 못하고,
가정을 가져 보지도 못한 채
다른 나라로 입양되는 아이들
한 해 1125명.
_(한국 입양 홍보회, 2010년)

어린이 헌장 5조

"어린이는
즐겁고 유익한 놀이와 오락을 위한
시설과 공간을 제공받아야 한다."

그러나
"쏴쏴! 눌러! 칼 휘둘러!
수류탄 던져 버려, 수류탄!"

많은 어린이들이 컴컴한 공간에서
무기를 가지고 누군가를 죽이는
해로운 게임을 한다.

★
★★ 중독 위험군 : 중독 현상을 일으키거나
중독으로 발전할 가능성이 높은 집단

그리고 걸리는 병,
게임 중독.
청소년 100명 중 2명이
중독 위험군에 속한다.
_(한국콘텐츠진흥원, 2013년)

어린이 헌장 8조

"어린이는
해로운 사회 환경과
위험으로부터 먼저 보호되어야 한다."

그러나
어린이 보호 구역에서조차
교통사고가 빈번하게 발생하고
목숨을 잃은 어린이도 있다.

더구나
어린이날 교통사고는
평일보다 2.8배나 많고
부상자의 38%는 어린이이다.

_(A 보험사, 2009년)

심지어

어른으로부터 괴롭힘을 당하는 아이들도 있다.

그리고

우리나라에서만

한 해 2만 3000여 건의

아동 실종 신고가 접수된다.

_(경찰청, 2013년)

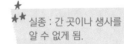

실종 : 간 곳이나 생사를
알 수 없게 됨.

그리하여
즐거운 어린이날,
돌아오지 않는 아이를 찾아
전국 방방곡곡을 헤메는
슬픈 가족들이 있다.

집으로 돌아가는 길을 잃고
어딘가에서 울고 있는
어린이들이 있다.

133

어린이의 권리와 복지를 위해
국가와 사회가 해야 할 일을 정한
11개 항목

어린이 헌장.

모든 어린이가
차별 없이
인간으로서의 존엄성을 지니고

나라의 앞날을 이어 나갈
새 사람으로 존중되며

바르고 아름답고 씩씩하게
자라도록 하는
길잡이.

하지만
현실에서는 소외되고 지켜지지 않는
사항들이 없는지

우리 모두가
살펴보고
찾아내어
지켜 주어야 한다.

중요한 것은
어린이 헌장의 내용이 아니라
실천이다!

어린이 헌장

대한민국 어린이 헌장은 '모든 어린이가 차별 없이 인간으로서의 존엄성을 지니고 겨레의 앞날을 이어 나갈 새 사람으로 존중되며, 바르고 아름답고 씩씩하게 자라도록 한다.'는 목표로 만들어졌어요.

최초의 어린이 헌장은 동화 작가 마해송, 강소천 등 7명이 만들어 1957년에 발표했어요. 그러다 보완 작업을 거쳐 1988년 제66회 어린이날을 기념해 11개의 조항으로 완성됐지요. 내용은 어린이의 권리와 복지, 바람직하게 자라날 모습에 대해 제시하고 있어요. 사회 전체가 어린이의 권리와 복지를 지켜 주고, 아이들 스스로도 자신의 권리를 생각하며 자라날 수 있도록 하기 위해서예요.

세계의 어린이날

세계의 많은 나라가 어린이날을 지정하고, 어린이들을 위한 기념 행사를 열고 있어요. 나라마다 어린이날로 정해진 날짜도 달라요. 태국의 어린이날은 1월 둘째 주 토요일이에요. 원래 10월이었는데 비가 많이 오는 때라 비가 오지 않는 1월로 옮겼답니다. 일본은 3월 3일을 여자 어린이날로, 5월 5일을 남자 어린이날로 나누어 기념하고 있어요. 잉어 모양의 장식을 장대에 걸어 지붕 위에 두기도 하고 궁중 의상을 입힌 인형으로 집안을 꾸며 아이의 성공과 건강을 기원해요. 터키는 4월 23일이에요. 터키의 어린이날은 독립 기념일과 같은 날이랍니다. 그리스는 5월에 어린이 주간이 있어요. 어린이 주간에는 한 주 내내 퍼레이드가 벌어지고 각종 공연과 즐거운 행사들도 열려요.

인도는 최초의 수상이었던 네루 수상의 생일인 11월 14일을 어린이날로 기념하고 있어요. 네루 수상이 어린이들을 무척 사랑했기 때문이래요. 이슬람교를 믿는 나라들은 대부분 7월 4일(음력 5월 5일)을 어린이날로 정하고, 아르헨티나는 8월 둘째 주 일요일을 어린이날로 정하고 있어요.

그렇다면 북한에는 어린이날이 있을까요? 없을까요? 북한에도 어린이날이 있답니다. 6월 1일은 '국제 아동절'로 유아들이, 6월 6일은 '소년단 창립일'로 초등학생들이 체육 대회를 하고 특별히 사탕과 과자도 배급받는대요.

UN이 정한 '세계 어린이날'은 11월 20일이에요. 1925년 '아동 복지를 위한 세계 회의'가 열릴 때 제정한 것이랍니다. 하지만 배고픔과 질병으로 고통받고 있는 아프리카에는 어린이날이 없는 나라들이 많아요. 참으로 안타깝죠? 진정한 보살핌과 사랑이 필요한 어린이들이 모두 행복할 수 있는 어린이날이 되었으면 좋겠어요.

어린이날이 행복하지 않은 친구들을 기억해요

굶주림으로 고통받는 어린이가 많은 아프리카에도 어린이날이 있을까요? 나이지리아는 3월 27일을 어린이날로 정해 학교에 가지 않고 가족들과 지내게 해요. 남아프리카 공화국은 백인과 흑인을 차별하는 정책에 반대하다 수많은 학생들이 희생된 1976년 6월 16일을 기리며 '청소년의 날'을 정했대요. 기념식을 치르기 위해 특별히 공휴일로 하고 있어요.

어린이날은 어린이의 소중함을 일깨우고 어린이의 인권을 다시 한 번 생각해보는 날이에요. 인권이 있다는 것을 기억하는 것만으로도 보다 나은 삶을 꿈꿀 수 있어요. 누군가에게 도움을 요청할 수도 있고요. 그래서 인권은 중요하답니다. 어린이날에는 더욱더 인권을 침해당하고 어려움을 겪고 있는 세계의 친구들을 생각해 보는 것은 어떨까요?

12 가족을 그리는
〈아주 오래 된 소원〉

★ 그리움 속에서 생을 마감하는 이산가족 이야기

한국 전쟁으로 인해 가족의 생사조차 알 수 없고
만나지도 못하고 연락도 없이 떨어져 산 지 60여 년.
백발이 되어서도 가족을 잊지 못하고 꿈에 그리는
이산가족의 오랜 소원을 들어 보자.

엄마....

"일주일에 한두 번
남편은 외출을 했습니다.

그리고
그날도 집을 나섰지요.
하지만 돌아오지 않았습니다.

다음 날 남편은 숨을 거둔 채
발견되었습니다.
그리고 남편의 품안에서
종이 한 장이 발견되었지요.
아주 오래된 소원을 적은
종이 한 장……."

종이에 적힌
오래된 소원은 무엇이었을까?

 가족과 오래 떨어져서 지내 본 적이 있나요?

임진각에서 쓰러진 채 발견된 남편

그리고 남편의 품에서 발견된 종이 한 장.

이북에 두고 온

큰아들을 만나게 해 달라는

이산가족 상봉 신청서.

이북에 두고 온 가족은 아들뿐만이 아니다.

누나 넷, 남동생 하나 그리고 부모님…….

그리운 사람들 얼굴 한 번만 보고

눈을 감고 싶다는 소망을 안고

그리움 속에서 세상을 떠나야만 했다.

분단 60여 년.

2010년 3월 31일까지

이산가족 상봉 신청자 수

12만 8111명.

그중 4만 3305명이 사망했고

8만 4806명이

가족을 만날 날을 기다리고 있다.

_(통일부 이산가족 정보 통합센터, 2010년)

죽기 전에 자식 한 번 만나 보는 게

소원이지 다른 게 뭐 있겠수.

아들이 죽었는지 살았는지

생사도 모르고 사는데…….

_(임영선, 2006년 당시 83세))

그러나

1950년부터 1999년까지 성사된

남북 이산가족 상봉은

단지 65건.

2000년 6월 남북 정상회담 이후

보다 활발히 진행된 이산가족 상봉

2000년 403건

2001년 200건

2002년 398건

2003년 598건

2004년 400건

2005년 397건

2006년 594건

2007년 388건

2009년 195건

2010년 191건

"세상 떠난 네 아버지가

살아생전에 네 얼굴 한번 보는 것이 소원이었는데…….”

"엄마, 못 보더라도 건강하셔야 해요.”

"60년을 기다려 이제서야 봤는데,

오늘 헤어지면 우린 또 언제 보누…….”

이제 아들을 그리워하던 아버지는
하늘로 돌아가고
아버지의 얼굴을 잊어버린 아들은
아버지의 나이가 되었다.

세월이 몇 년만 더 흘러도
이 땅에서는 보고 싶어도 볼 수 없는 사람들,
하늘에서나 다시 만날 수 있는 사람들.

우리 모두 생각해 보자.

가족을 만나고 싶다는 소원,

이 작은 소원을 이루기가
왜 이리도 힘이 드는가?

하루라도 빨리 이뤄져야 할 이산가족 상봉

자연재해나 전쟁 등의 이유로 헤어져 함께 살지 못하는 가족을 이산가족이라고 해요. 우리나라는 한국 전쟁 이후 분단이 되면서 이산가족이 많이 생겼어요. 며칠 일 보러 나왔다가, 잠시 피난 왔다가 헤어진 사람들이 대부분이지요. 남한과 북한은 냉전 시대를 거치면서 이산가족들을 만나게 하는 정책을 펼치기가 쉽지 않았어요. 그렇지만 대한적십자사는 이산가족이 서로 만날 수 있도록 계속 노력해 왔어요. 그러던 중 2000년 남북 정상회담에서 합의된 '6·15 남북 공동 선언' 이후 공식적으로 이산가족의 만남이 성사되었고, 2014년 2월까지 19차례의 상봉 행사가 진행됐지요.

통일부와 대한적십자사가 운영하는 이산가족 통합 시스템에 따르면 2014년 현재까지 북한에 있는 가족을 만나고 싶다고 상봉을 신청한 우리나라의 이산가족은 12만 9000여 명이라고 해요. 전체 신청자의 45%에 이르는 5만 7700여 명이 이미 세상을 떠났고, 생존자는 불과 7만 1000여 명이에요. 이 가운데 2013년 한 해에만 3800여 명의 상봉 신청자가 세상을 떠났대요.

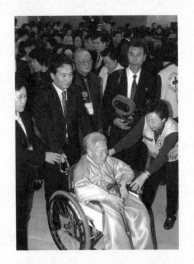

그리고 생존자 중에서도 70세 이상 노인이 무려 80%를 넘어요. 남과 북의 정치적인 문제를 떠나 사랑하는 가족 간의 만남이라는 의미에서 이산가족 상봉은 빠른 시일 안에 모두 이루어지도록 노력해야 해요.

'이산가족의 날'을 아세요?

이산가족의 날은 이산가족 당사자들이 잃어버린 고향과 가족을 찾는 일에 적극적으로 나서기 위해 만든 날이에요. 이산 가족들이 모여 만든 '일천만 이산가족 위원회'는 남북 적십자 회담에서 이산가족 찾기 운동이 제안된 1982년 8월 12일을 '이산가족의 날'로 정하고, 더 이상 이산가족 찾기를 지체할 수 없다는 결의를 밝혔어요. 일천만 이산가족 위원회는 어떤 체제나 사상도 가족의 만남을 막을 수 없다는 당연한 사실을 북한과 온 세계에 알리고 이산가족 상봉과 통일을 위해 노력하고 있어요.

▸▸ 인도주의 구호 단체 〈대한적십자사〉

적십자사는 1863년 앙리 뒤낭에 의해서 설립되었어요. 적십자사는 전쟁 부상자를 치료하는 구호 단체로 전 세계의 수많은 전쟁에서 구호 활동을 펼쳤어요. 현재는 전 세계 188개국에 적십자사가 있고 수천만 명의 자원봉사자들이 활동하고 있어요.

대한적십자사는 우리나라에서 가장 활발하게 봉사 활동을 펼치는 단체예요. 1903년 대한제국 정부가 제네바 협약에 가입하고, 1905년 고종 황제의 칙령으로 처음 설립되었어요. 이후로 인도적인 구호 활동에 힘써 왔으며 1950년 한국 전쟁 당시에 피난민을 구호하는 활동을 활발히 벌였지요. 대한적십자사는 1955년에 국제 적십자사 연맹에 74번째 회원국으로 가입했어요. 이후 근현대사의 여러 사건 현장에서도 어려운 이들을 도왔어요. 독립적이고 중립적인 위치에서 인도주의를 실천해 온 단체로 유명해요.

한편, 1971년 대한적십자사는 이산가족 상봉을 위한 활동을 시작했어요. 한국 전쟁 그리고 한반도의 분단 때문에 남과 북으로 헤어져 살고 있는 이산가족들의 실태를 확인했어요. 서로 소식을 전하거나 상봉을 하기 위한 것이었지요. 북한의 적십자사도 이산가족 상봉을 제의해 1985년, 서울과 평양에서 최초로 이산가족 고향 방문단과 예술 공연 교환 행사가 이루어졌었답니다.

우리들 스무 명 중에 한 명,
〈5%의 아픔〉

★ 함께 사는 세상을 위해! 장애인과 친구 되기

우리나라에는 250만 명이 넘는 장애인이 있다.
이들에게 최소한의 생계를 보장해 주는 것은 국가.
그러나 이들의 힘겨움은 사회보장 제도만으로는 해결되지 않는다.
장애인과 어떻게 더불어 살아가야 할지 생각해 보자.

1988년 11월 1일
전국 읍면동 사무소에서 일제히 시작된
장애인 등록

25년에 걸쳐 세밀하게 분류된
15가지의 장애 유형에 의해

251만 1159명
전 국민의 5%가 장애인으로 등록돼
사회 보장 제도의 혜택을 받고 있다.
_(2012년)

그리고
그들에게 필요한 것은
사람들의 따뜻한 시선.

 몸이 불편할 때 누구에게 도와달라고 할 수 있을까요?

장애가 있으면

원하는 보험에 가입을 할 수 없고
인터넷과 스마트폰 사용에 어려움을 겪어야 하며
대중교통을 원활히 이용할 수 없다.

하지만 생활의 불편보다
더 힘든 것이 있다.

"한국은 장애인 관련 법률을 제정하는 등
많은 성과를 달성했지만
여전히 심각한 장애인 인권 침해 상황이 있다."
_(UN 장애인 권리 위원회)

2014년 9월 UN 장애인 권리 위원회는
한국의 장애인 인권 침해 사례에 대해
개선을 요구했다.

다리가 아파 잘 걷지 못하는
눈이 보이지 않거나 귀가 잘 들리지 않는
남들처럼 생각하고 행동하기가 어려운
태어날 때부터 또는 다쳐서 몸이 불편한

장애인.

장애인은 특별히 다른 사람이 아니다.
그러나 이들을 바라보는 사람들의 시선.
쯧쯧…….

혹시 아세요?
우리도 사람이란 것을?
_(어느 장애인의 글)

"사실 제 동생은 장애인입니다.
색안경 끼고 바라보는
어른들과 친구들 때문에
제 동생은 상처를 많이 입었습니다.
제발 색안경 좀 벗어 주시면 안 될까요?
딱 한 번만 벗어 보면 제대로 볼 수 있습니다."

대한민국 5%의 사람이
나머지 95%와 조금 다르다는 이유로
상처를 받고 있다.

5%……
스무 명 중에 한 명.

우리나라의 한 해 교통사고 부상자 수는

35만여 명

하루 평균 1000명이

교통사고로 부상을 입는다.

때문에 우리나라 등록 장애인 중

80~90%가

중도 · 후천성 장애인.

_(한국장애인자립생활센터협의회, 2010년)

 중도 · 후천성 : 태어난 뒤
여러 가지 경험이나 지식에
의해 지니게 된 성질

내 이웃이
내 가족이
혹은 내가?

장애인

우리들 스무 명 중에 한 명,
우리와 다르지 않은
우리들의 좋은 친구, 좋은 이웃이다.

우리나라의 장애인 복지 제도

장애인 복지의 기본 이념은 인간 존엄성의 실현이에요. 인간 존엄성은 각 개인의 신체적·정신적 상태와 상관없이 인간답게 생활할 권리를 말하지요. 때문에 장애인이라고 해서 멸시받거나 박해받지 않고 모든 시민과 더불어 모든 영역에서 가치 있는 역할을 실현할 수 있도록 지원해야 해요.

우리나라의 장애인 복지 제도는 생각보다 뿌리가 깊어요. 삼국 시대에는 늙은 홀아비와 홀어미, 부모 없는 자식, 자식 없는 늙은이를 구제하는 사궁구휼 제도가 있었어요. 고려 시대에는 불교의 영향으로 구휼 제도를 보완했는데 맹인들을 위한 직업 대책을 마련하기도 했지요. 조선 시대에는 유교 사상을 바탕으로 구휼 사업을 지속적으로 했어요. 하지만 전 시대에 걸쳐 대부분의 장애인들은 가족들의 보살핌에 의지해 생활하는 한계를 벗어나지 못했어요.

우리나라에서 본격적인 장애인 복지 정책이 도입된 것은 1980년대였어요. 이전까지 장애인에 대한 정책은 일정한 시설에 수용·보호하는 정도였지요. 1981년은 UN이 정한 '세계 장애인의 해'였고, 1983~1992년은 장애인의 권리 증진을 위해 UN이 정한 '세계 장애인 10년'이었어요. 이 시기에 우리나라는 장애인 복지에 대한 최초의 종합적인 법률인 '심신 장애자 복지법'을 만들었어요. 이 법은 장애인 복지 제도의 전환점이라고 할 수 있어요.

1988년 서울 올림픽과 장애인 올림픽을 기점으로 정부는 장애인의 복지를 향상시킬 장애인 종합 대책을 마련하고, 장애인 복지의 제도적 틀을 재정비했어요. 이후 장애인 보호 시설이 아닌 가정에서 생활하는 장애인에 대한 서비스도 확대했지요.

▸▸ 장애인들을 돕는 국제기구 〈세계 재활 협회〉

세계 재활 협회(RI, Rehabilitation International)는 장애인의 재활과 장애 예방, 장애인과 그 가족에게 평등한 기회와 사회 참여 기회 등을 제공하기 위해 1922년에 민간 국제기구로 설립됐어요. 본부는 미국 뉴욕에 있고, 전 세계 80여 개국 1000여 개의 단체가 참여하고 있어요.

세계 재활 협회는 장애인의 권리와 사회생활 적응, 삶의 질을 개선시키는 것을 목표로 활동하고 있어요. 이를 위해 장애인, 관련 종사자, 전문가, 정부 기관 등이 세계적인 네트워크를 형성하고 장애인들이 일상생활을 유지하는 데 필요한 여러 가지 편의와 권익을 챙겨 살피고, 장애를 극복하고 살아갈 수 있는 방법을 연구하고 장애인의 삶을 향상시켜요. 우리나라에도 'RI코리아'가 있어요. 우리나라의 회원 단체로는 한국 장애인 재활 협회, 한국 장애인 고용 공단, 근로 복지 공단 등이 있어요.

▸▸ UN 총회에서 채택한 〈장애인 권리 선언〉

장애인 권리 선언은 'UN 헌장'과 '세계 인권 선언'의 정신에 입각해 심신 장애인의 권리를 보호하고 존중하자는 취지를 담고 있어요. 1975년 12월 9일 UN 총회에서 만장일치로 채택되었답니다. 내용은 장애인의 인권과 기본적인 자유, 평화, 인간의 존엄성, 사회 정의에 관한 원칙 등을 다루고 있어요.

예를 들어 모든 장애인에게는 인간으로서 존엄성을 존중받아야 할 타고난 권리가 있다는 것, 장애인의 권리가 침해되거나 제한될 수 없다는 것, 자립을 위해 마련된 모든 수단을 이용할 수 있다는 것, 경제적, 사회적인 생활을 보장받고 품위 있는 생활 수준을 누릴 수 있는 권리가 있다는 것, 또 각자 능력에 따라 고용을 보장받고 차별받지 말아야 한다는 것 등의 내용이 들어 있어요.

그중에서도 특히 장애인들이 다양한 활동 분야에서 최대한 자신의 능력을 개발할 수 있도록 도와주어야 한다는 것이 강조되고 있어요. 장애인 권리 선언의 내용처럼 우리 모두 일상생활에서 장애인의 권리를 존중하는 마음과 태도를 가지고 장애인을 대하는 것이 필요하답니다.

더불어 사는 지구촌 생명

더불어
살아가다

14 무지개 너머 희망의 땅
〈Somewhere over the rainbow〉

★ 기후가 바뀌어 난민이 된 사람들이 늘고 있다

전 세계의 환경 문제가 갈수록 심각해지고 있다.
심지어 환경 재해로 나라 전체가 없어지기도 한다.
국토가 물에 잠기고 있는 투발루의 사람들,
그들은 어디로 가야 할까?

전쟁이나 재난을 당해

곤경에 빠진 사람을 뜻하는
난민

1948년 레바논 팔레스타인 난민

1975년 베트남 보트 피플

1994년 르완다 난민

난민 : 전쟁이나 재난 등을
당하여 외국이나 다른 지방으로
탈출하는 사람들

인종, 종교, 정치, 전쟁 등으로

자신의 나라를 떠나야 했던

수많은 사람들.

게다가 '기후' 때문에

나라를 떠나

난민의 길을 걷게 된 사람들도 있다.

'기후 난민'은 왜 생긴 것일까?

 홍수나 태풍 때문에 집이 물에 잠긴다면 어떨까요?

지구에서 네 번째로 작은

산호초 섬 투발루

인구 1만 1000여 명

세계 최초로

기후 난민이 된

남태평양의

투발루 사람들.

★
★★ 해발 고도 : 평균 해수면을 기준으로
잰 어떤 지점의 높이

평균 해발 고도 2m 미만,

가장 높은 곳의 해발 고도 5m인

평평하고 아름다운 섬 투발루

하지만 밀물 때면

최고 3.48m까지 차오르는 물.

투발루의 9개 섬 중
사빌리빌리 섬은

1999년 바닷물에 잠겼다.

농사짓고, 물고기 잡으며
투발루에서 3대가 함께 살아가는
싱가누 할아버지의 말.

"애쓴 게 물거품이 됐소.
밭에서 바닷물이 빠지지 않으면 말라죽을 거요."

지난 100년간
지구 온도 0.6℃ 상승

지구 온도가 4℃ 상승하면
지구의 모든 섬나라는 물에 잠길지도 모른다.

2060년쯤
지도에서 완전히 사라질
투발루.

저 높은 무지개 너머 어딘가에
자장가에서 들어 본 곳이 있어요.

_('Somewhere Over the Rainbow' 노래 가사 중)

선진국들의 경쟁적이고 무계획적인 산업화로
환경은 점점 더 오염되어 가고
지구 온난화는 빠르게 진행되었다.

그런데 산업화와 거리가 먼
투발루는 환경 오염 때문에
국토 포기 선언을 하기에 이르렀다.

투발루 사람들은
이제 그들의 고향인 섬을 떠나야 한다.

국제법상
'난민'으로 인정받지 못하는
기후 난민.

누가 환경을 오염시키고
누가 기후 재난으로 피해를 보는가?

이웃 나라 호주
투발루인 이주 거부.

또 다른 이웃 나라 뉴질랜드에서는
연간 75명씩만 이주 승인.

그것도 신체 건강하고 영어에 능통한
뉴질랜드에 직장을 둔
45세 미만의 사람만.

다른 나라로 떠나지도 못하고
곧 사라질 섬에
남겨진 사람들.

성경에서 가로되
하나님이 노아에게 약속하시기를
이제 더는 홍수가 없을 것이다.
그리고 그 약속의 뜻으로 무지개를 보여 주셨다.
_(싱가누 할아버지의 기도 중)

성경 글귀를 되새기며
투발루를 잠기게 할 홍수가 멎기를
기도하는 할아버지.

재앙에서 저희를 구해 주소서.
저희 힘만으로는
재앙과 싸울 수가 없습니다.
사람들이 저희를 잊지 않게 해 주소서.
_(투발루 주민의 기도 중)

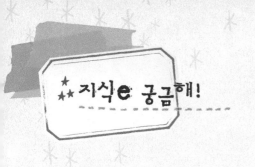

지식 e 궁금해!

점점 물에 잠기는 투발루

투발루는 남태평양 중앙에
위치하고 있는 9개의 섬으
로 된 나라예요. 1877년부
터 엘리스 제도라는 이름의
영국의 식민지였다가 1978

년 영국 연방의 일원으로 독립했어요. 정식 명칭은 투발루 왕국이에요. 언어
는 투발루어와 영어를 써요. 투발루는 지구 온난화로 수면이 높아지자 수십
년 만에 2개 섬이 바다 아래로 잠겼어요. 그리고 머지않아 전 국토가 바다에
잠길 위험에 처해 있어요.

결국 투발루는 2001년 자연재해를 이유로 국토를 포기한다는 선포를 했어요.
남은 건 1만 1000여 명의 국민들을 해외로 이주시키는 일이에요. 투발루 정
부는 호주·피지 등 이웃 나라에 국민들을 이민자로 받아 줄 것을 호소했지만
뉴질랜드를 제외한 국가들은 모두 거부했어요. 뉴질랜드도 조건에 맞는 적은
수의 사람만 이민을 승낙했답니다. 이주하지 못한 투발루 국민들은 어디로 가
야 할까요?

▶▶ 기후로 인한 재앙을 막는 〈녹색 기후 기금〉

녹색 기후 기금(GCF, Green Climate Fund)은 개발 도상국의 온실가스를 줄이고
기후 변화의 적응을 돕기 위해 만들어진 UN의 국제기구예요. 이산화탄소의 증

가로 인한 지구 온난화가 가속되면서 지구촌은 각 지역별로 폭우와 극심한 가뭄을 겪게 됐어요. 게다가 극지방의 빙하 면적 감소로 해수면 상승, 생태계 변화 등 다양한 기후 변화가 나타났고 이로 인한 피해도 발생했어요. 그 대표적인 나라가 투발루예요.

이런 기후 변화의 심각성을 인식한 선진국들은 2010년 12월, 멕시코 칸쿤에 모여 기금을 마련해 기후 변화로 어려움을 겪고 있는 개발 도상국들을 지원하기로 결정했어요. 2012년부터 2020년까지 연간 1000억 달러의 재정을 만드는 녹색 기후 기금을 UN 상설 기구로 설립하기로 한 거지요. 이 기금은 기후 변화로 인한 피해를 줄이고 기후 변화에 적응할 수 있도록 지원하는 데 쓰여요.

▶▶ 난민들을 돕는 국제기구 〈UN 난민 기구〉

UN 난민 기구(UNHCR)란 전 세계적으로 난민을 보호하고 난민 문제를 해결하고자 만들어진 기구예요. 1949년 12월 3일 UN 결의에 의해 채택되어 1951년부터 활동을 시작했어요. 하지만 1920년대 러시아 혁명 이후에 발생한 난민과 히틀러 치하의 독일에서 발생한 난민을 비롯해 제2차 세계 대전 이후에 발생한 약 120만 명의 유럽 난민 문제를 해결하기 위해 만들어졌다고 할 수 있어요. 본부는 스위스 제네바에 있어요.

UN 난민 기구는 난민을 보호하며 난민들이 고향으로 돌아가거나, 낯선 곳에서 정착할 수 있도록 도와요. 난민 등록 절차를 안내하고 보호, 자문, 교육, 법률적 상담도 해요. 예를 들어 헝가리 부다페스트 지부의 임무 중 하나는 갑작스럽게 난민들의 거처가 필요할 때 천막을 즉시 공급해 주는 거예요.

UN 난민 기구에서 난민 등록 활동을 하는 것은 단순히 인원수를 파악하기 위해서가 아니에요. 보호 대상자를 확인하고 관리해 주기 위해서예요. 때문에 UN 난민 기구는 난민 한 명 한 명을 확인하고 등록해 구호 물품을 나눠 주고 건강과 기타 여러 가지 문제에 관심을 가져 주어요.

현재 117개국에서 근무하는 UN 난민 기구의 직원들은 수천만 명에 달하는 난민과 보호 대상자를 돕고 있어요. 이러한 난민 보호의 공로로 1954년, 1981년 두 차례 노벨 평화상을 수상했어요.

UN 난민 기구의 친선 대사, 안젤리나 졸리

많은 유명인들이 난민을 돕고자 UN 난민 기구의 친선 대사로 활동하고 있어요. 가장 활발한 활동을 하고 있는 사람이 세계적으로 유명한 배우 안젤리나 졸리예요. 안젤리나 졸리는 2000년 영화 〈툼레이더〉 촬영차 캄보디아를 방문하고부터 난민에 대해 관심을 갖기 시작했어  요. 그리고 스스로 UN 난민 기구의 문을 두드리고, 할 수 있는 일이 없을지 물어봤대요.

안젤리나 졸리는 2001년 UN 난민 기구의 친선 대사로 임명된 이후, 전 세계 20개국이 넘는 나라를 방문하며 수백만 난민들의 아픔을 살펴보고 그들을 보호하기 위한 활동을 하고 있어요. 국제 사회에 난민들의 곤경을 알리며 국제적 지원을 얻어 내기 위한 적극적인 활동을 펼치고 있답니다.

세계 여러 곳에서 고통받은 난민

난민이란 전쟁이나 재난 따위를 당하여 곤경에 빠진 사람들을 말해요. 전쟁, 테러, 극도의 빈곤, 자연재해 그리고 정치적 괴롭힘을 피해 다른 나라로 가는 사람들을 말하기도 하지요. 난민의 개념은 1967년 난민의 지위에 관한 의정서와 아프리카와 라틴 아메리카의 지역 협약들에서 확대되어 생겨났어요. 전쟁이나 기타 폭력에 의해 원래 살던 땅을 떠나게 된 사람들을 의미하게 되었는데, 제2차 세계 대전 이후 동유럽을 떠난 대규모 피난민들에 대해 법적으로 정의하면서 공식적으로 사용하게 되었지요.

국제법에서는 난민의 지위를 인정받으려는 사람을 망명 신청자라고 해요. 난민 보호 업무를 맡는 주요 국제기구로는 UN 난민 기구가 있어요. UN 난민 기구는 2006년을 기준으로 전 세계의 난민 수를 840만여 명이라고 집계했어

요. 전 세계 난민 중 가장 많은 수를 차지하는 것은 UN 팔레스타인 난민 구호 사업국이 관할하는 430만 명의 팔레스타인 난민들이에요. 한편, UN 난민 기구는 2014년, 전 세계 난민 수가 5000만 명이 넘었다고 발표했어요.

난민이 많이 발생하는 주요 국가로는 아프가니스탄, 이라크, 미얀마, 수단, 팔레스타인이 있어요. 2011년과 2013년 기준으로 자연재해로 떠도는 난민이 발생한 국가로는 일본, 필리핀 등이 있어요.

팔레스타인 난민 제2차 세계 대전 전까지 영국의 통치를 받던 팔레스타인 지역에 1948년 5월, 유태인들이 이스라엘을 건설했어요. 2000여 년 동안 팔레스타인에서 살아왔던 아랍인들은 갑자기 영토를 잃게 되었지요. 그리고 아랍과 이스라엘 전쟁으로 고향을 떠난 70만 명 이상의 팔레스타인 사람들이 가자, 요르단 강 서안, 시리아, 레바논 등지의 수용소에서 난민으로 생활하게 되었어요.

베트남 보트 피플 베트남 전쟁(1960~1975)이 시작된 후 1970년대 초반부터 보트로 베트남을 탈출한 난민들을 말해요. 남베트남이 공산화되자 1973년부터 1988년 사이에 100여 만 명이 자유를 위해 보트를 이용해 탈출했어요. 하지만 이들은 받아 주는 나라가 거의 없어 바다 위에서 헤매야만 했지요. 식량 부족과 태풍 등 열악한 상황 속에서 숨을 거두는 일도 많았다고 해요.

르완다 난민 1990년 르완다에서 토착 부족인 후투족과 소수 민족인 투치족 간의 종족 갈등으로 분쟁이 발생했어요. 이 종족 간 전쟁으로 총 300여 만 명의 난민이 생겨났어요. 르완다 난민은 인근 국가인 우간다, 자이르로 피신했지만 극심한 식량 부족과 콜레라 등 전염병으로 많이 죽었다고 해요.

15 생태계를 살리는 〈70년 만의 귀환〉

★ 회색늑대가 국립 공원을 되살린 이야기

지구상의 생명체는 서로 영향을 주고받으며 공존하고 있다.
그런데 핵심종이 사라지면 그 지역의 생태계가 무너진다.
황폐해진 옐로스톤 국립 공원을 되살린 회색늑대 이야기를 통해
건강한 생태계가 유지되는 원리를 배워 보자.

미국의 세렝게티라 불리는
옐로스톤 국립 공원

세렝게티 : 탄자니아 최대 국립공원으로
사자 · 코끼리 · 사바나얼룩말 등 약 300만
마리의 대형 포유류가 살고 있다.

1990년대
국립 공원 안에 살고 있는
활엽수들의 공통점

평균 수령 70년.　　수령 : 나무의 나이

이것은
1920년대부터 나무가
제대로 자라나지 못했다는 것.

1920년대, 옐로스톤 국립 공원에서
무슨 일이 있었던 것일까?

 산에 나무가 없어지면 어떤 일이 벌어질까요?

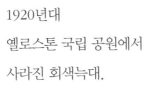

1920년대
옐로스톤 국립 공원에서
사라진 회색늑대.

사람들은 회색늑대가
인간과 가축을 위협하자
10만여 마리의 회색늑대를
모두 죽였다.

회색늑대의 전멸로
진정한 평화가 찾아왔을까?

그러나

서서히 죽어 가는 나무들.

도대체

회색늑대와 죽어가는 나무는
무슨 상관이 있을까?

1995년

사라지는 숲을 되살리기 위해

사람들은 캐나다에서 데려온

회색늑대 31마리를 국립 공원에 풀어놓는다.

그 후 국립 공원에서는 어떤 변화가 일어났을까?

회색늑대가 나타나자

초식 동물들은

예전처럼 한가롭게

나무를 뜯어먹지 못하게 된다.

늑대로 인한

'죽음의 공포'가 커질수록

숲이 울창해졌다.

이처럼 초식 동물이 느끼는 공포가

나무의 성장에 미치는 현상을

'공포의 생태학'이라고 한다.

숲이 갈수록 울창해지자
나무를 이용해
댐을 지을 수 있게 된 비버.

비버의 댐 덕분에
수중 생태계가
되살아났다.

그리고

회색늑대가 사라지면서 늘어났던

코요테의 숫자가 절반으로 감소

코요테에게 사냥되던

들쥐의 숫자는 증가

들쥐를 먹이로 하는

독수리 등의 맹금류도 증가했다.

국립공원의 생태계가 살아났다!

★★ 맹금류 : 육식성의
사나운 조류

★
★★ 연쇄 멸종 : 하나의 멸종이 다른
생물군의 멸종까지 이어지는 것

회색늑대처럼

다른 종(種)의 생존 능력을 결정하고,

생태계의 연쇄 멸종에

결정적인 역할을 하는 종을

핵심종이라 한다.

"누가 생각이나 했겠는가?
해로운 동물이라며
닥치는 대로 없앴던 회색늑대가
70년 동안 망가져 가던
생태계를 회복시킬
소중한 동물이었다는 사실을…….."

최근 전 세계 곳곳의 먹이사슬을
연구한 결과
핵심종의 역할은 지역에 상관없이
공통된 것으로 밝혀졌다.

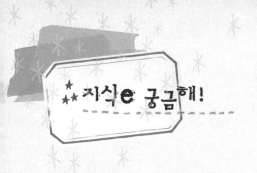

생태계를 지키는 핵심종

핵심종이란 일정한 지역의 생태계에서 동식물의 삶을 유지하는 데 결정적인 역할을 하는 종(種)을 말해요. 다시 말해, 핵심종인 동물이 사라지면 해당 지역의 생태계에는 커다란 변화가 일어나요. 대표적인 핵심종으로는 코끼리, 해달, 수달, 불곰 등이 있어요.

예를 들어 아프리카코끼리는 드넓은 초원을 다니면서 아주 많은 풀과 나무를 먹어요. 먹은 만큼 많은 양의 배설물을 내보내지요. 코끼리가 지나간 자리에는에는 풀은 사라지고 배설물이 가득 남게 돼요. 그런데 시간이 흐르고 초원에 비가 내리고 햇볕이 쏟아지면 배설물이 있던 자리에 풀이 자라나기 시작해요. 풀 사이로 다양한 곤충들도 돌아다니고요. 배설물을 먹으려고 땅속을 돌아다니는 곤충 덕분에 풀과 땅은 아주 기름지게 돼요. 이 기름진 풀들이 계속 자라면 사슴이나 말과 같은 여러 초식 동물들이 모여들어요. 초식 동물들이 모여들면 또 이들을 잡아먹는 사자나 표범과 같은 육식 동물들도 모여들게 돼요. 이렇게 해서 아프리카 초원의 생태계가 살아납니다. 아프리카코끼리가 동물들의 먹이사슬에 어떤 영향을 미쳤는지 알겠지요?

해달도 비슷한 역할을 해요. 과거에 사람들은 북미 대륙 태평양 연안에서 해달을 마구잡이로 잡아들였어요. 가죽을 얻기 위해서였지요. 그런데 해달이 사라지고 해달의 먹이인 성게가 번성하면서 미역 등 해조류까지 사라지는 일이 벌어졌어요. 결국은 물고기까지 살지 않는 '바다의 사막화'가 나타났지요. 해달이 핵심종이라는 사실을 알게 되고, 오랜 복원 기간을 거친 끝에야 바다 생태계는 되살아날 수 있었어요.

수달은 하천 생태계의 질서를 지켜 주는 역할을 하는 매우 중요한 종이에요. 하천 먹이 사슬의 최상위에 위치해 인간을 제외하면 천적이 없지요. 수달은 덩치가 큰 20cm 이상의 물고기를 주요 먹이로 삼는데, 이는 작은 물고기들에게 생존의 기회를 줘요. 특히 수달은 토종 물고기를 닥치는 대로 잡아먹는 외래 육식성 어종들을 먹이로 삼아 생태계를 유지시켜 줘요. 우리나라에서는 한국 수달 연구 센터에서 다친 수달을 치료해 자연으로 돌려보내고 있어요.

대자연의 보고, 옐로스톤 국립 공원

미국의 국립 공원인 옐로스톤은 우리가 주변에서 흔히 볼 수 있는 작은 규모의 공원이 아니에요. 약 9000㎢의 넓은 지역에 산과 호수, 계곡과 폭포 등이 들어 있어요. 뿐만 아니라 솟아오르는 온천수, 끓어오르는 진흙 연못 등 아주 특이한 자연 현상도 볼 수 있지요. 이는 옐로스톤이 수십만 년 전에 화산 폭발로 만들어졌기 때문이에요. 땅속의 뜨거운 열, 마그마가 땅과 가까운 위치에 있기 때문에 온천수가 자주 솟구쳐 오르기도 하고 유황 냄새가 진동하기도 해요. 노란 바위라는 '옐로스톤'도 온천수가 오랜 세월 석회암층을 흘러내리면서 바위의 색깔을 노랗게 만들어서 붙여진 이름이에요.

옐로스톤에는 여러 동물과 식물들이 살고 있어요. 물소, 회색 곰, 늑대, 코요테 등 흔히 볼 수 없는 야생 동물들도 살고 있지요. 1872년에 미국 최초의 국립 공원으로 지정되었고, 1978년에는 유네스코 자연 유산으로 지정되었어요.

옐로스톤에는 전 세계 간헐천의 3분의 2에 해당하는 300개의 간헐천이 있어요. 간헐천은 일정한 간격을 두고 뜨거운 물이나 수증기를 뿜어내는 온천으로 화산 활동이 있는 곳에서 많이 나타나요. 공원에는 간헐천을 비롯해 1만여 개의 온천이 있어요. 이중 올드페이스풀이라는 간헐천은 약 70분마다 40~50m 높이의 뜨거운 물이 솟아올라 약 4분 정도 지속돼요.

또한 엘로스톤에는 북미 대륙에서 가장 큰 호수가 있고 호수 주변에는 다채로운 식물들이 있어요. 이곳에는 거대한 폭포도 여러 개 있는데 가장 큰 것은 94m로 나이아가라 폭포의 2배에 달하는 길이예요.

회색늑대야, 반가워!

회색늑대는 개보다 머리가 크고 긴 다리와 큰 발을 가지고 있어요. 또 작지만 곧게 쫑긋 일어서 있는 귀, 풍성하게 늘어져 있는 꼬리, 크고 날카로운 송곳니를 가졌어요. 보통 북아메리카, 유라시아, 북아프리카 황무지에서 사는데 이리나 말승냥이로도 불려요. 수컷은 평균 43~45kg, 암컷은 평균 36~38.5kg으로 개과에 속한 종 중 가장 커요.

먹이는 주로 순록이나 말 등 큰 초식 동물인데 수달이나 토끼 등 작은 동물도 잡아먹어요. 때때로 사람들이 사는 마을에 내려와 가축을 노리기도 하고, 사람에게 덤벼들기도 해요. 회색늑대는 비교적 최상위 포식자로 오직 인간과 호랑이만이 그를 위협할 수 있어요. 늑대는 농업 사회에서 가축을 공격하는 위협적인 존재이기 때문에 사냥이 되기도 했지만 아메리카 토착민들에게는 신비스런 존재, 용감한 존재로 존중받기도 했어요. 늑대는 하루에 수십 km를 걸어 다니기도 하고 몇 시간을 달릴 수도 있어요. 한 번에 5~9마리의 새끼를 낳고 수명은 보통 15년 정도예요.

▸▸ 생태계 보존을 위해 일하는 국제기구

지구 환경 기금(GEF, Global Environment Facility) 지구 환경을 보전하기 위해 설립된 국제 기금이에요. 특히 경제적으로 발전이 필요한 개발 도상국의 환경 분야에 대한 투자 및 기술 개발을 지원하기 위해 1990년에 설립됐어요. 먹고사는 일에 치중하고 있는 개발 도상국들이 환경에도 신경을 쓸 수 있도록 지원하는 일을 해요.

그린피스(Greenpeace) 국제 환경 보호 단체로 핵 실험 반대와 자연 보호 운동을 통해 지구 환경을 보존하고 평화를 지키는 활동을 펼쳐요. 특히 첨단 장비를 갖춘 8척의 큰 배를 가지고 해양에서 벌어지는 환경 파괴를 감시하는 역할을 한답니다.

세계 자연 보호 기금(WWF) 스위스에 본부를 두고 있는 세계 최대의 민간 자연 보호 단체예요. 유네스코 초대 사무총장을 역임했던 영국의 생물학자, 줄리언 헉슬리 경이 1960년 잡지에 동부아프리카 지역의 동물 포획과 상태계 파괴를 비판하는 글을 올린 것이 계기가 돼 설립되었어요. 초기엔 인도의 야생나귀 보호 사업을 지원하기도 했지만 요즘은 멸종 위기에 처한 동물 보존을 위해 자연 보호와 해양 보호 구역을 설치하는 활동을 해요.

시에라클럽(Sierra Club) 1892년에 만들어진 것으로 세계적으로 가장 오래된 민간 환경 운동 단체 중 하나예요. 미국의 금광 개발로 서부 산림 지대가 훼손되자 이를 지키기 위해 만들어졌어요. 미국 그랜드캐니언 댐 건설을 막아 낸 일로 매우 유명해졌지요. 1961년에는 알래스카에서 핵 폭발 실험을 하는 것에 반대하는 운동도 했어요. 지금은 세계 야생 지역을 탐험하고 보호하며 지구 생태계와 자원을 잘 사용하는 운동을 펼치고 있어요.

지구의 벗(Friends of the Earth) 1969년 9월, 시에라클럽의 데이브드 블로워가 미국 샌프란시스코에 설립한 단체예요. 1971년에 프랑스, 스웨덴, 영국, 미국 4개 나라가 참여했어요. 점차 네트워크가 확산되어 그린피스, 세계 자연 보호 기금과 더불어 세계 3대 민간 환경 단체로 성장했어요. 지구 온난화 방지, 삼림 보존, 오존층의 보호, 생물 다양성의 보존 등 환경 문제에 관여하며 활발히 활동하고 있어요.

지구의 안전을 지켜 줄 〈10만 년 동안의 고민〉

★ 쓰레기가 인류의 삶을 위협한다?

지구가 넘쳐나는 쓰레기로 몸살을 앓고 있다.
또한 태울 수도 묻을 수도 재활용할 수도 없는 위험한 쓰레기도 있다.
그것은 바로 핵폐기물.
핵폐기물로부터 지구를 구하는 방법을 함께 생각해 보자.

먹고 나면 생기는 쓰레기
쓰고 나면 생기는 쓰레기

쓰레기통에 버리고 나면
끝일까?

우리 손에서는 끝난 듯이 보이지만
쓰레기통에 버려진 쓰레기들은
그냥 사라지지 않는다.

모이고 모여,
쌓이고 쌓여,
피할 수 없는 고민을
시작하게 만든다.

 쓰레기통에 버려진 유리병은 어떻게 처리될까요?

서울의 어느 고등학교
점심시간마다 반복되는 고민,
남겨진 음식물 쓰레기들을

어디에 버리지?

그러나 어느 날 이 고민은 가볍게 해결됐다.

고마운 청소부 지렁이들!
지렁이들은 음식물 쓰레기를 깨끗이 먹고
건강한 배설물을 만들어 낸다.

음식물 쓰레기는 깨끗하게
자연으로 돌아갔다.

188

독일에서 시작된 심각한 고민

"쌓이고 쌓이는 쓰레기를 어떡하지?"

오랜 고민 끝에

빈 병에도 가격을 매겨 모으는 등

철저한 분리수거와 재활용을 생활화했다.

그렇게 해서

플라스틱, 알루미늄, 유리는

더 이상 쓰레기가 아니다.

★★
★ 메탄가스 : 이산화탄소를 만들어 내
지구 온난화를 일으킨다.
다이옥신 : 인간이 만든 물질 중
가장 위험한 독극물

쓰레기 양이 줄어들자

쓰레기 매립지에서 나오는 메탄가스도

플라스틱을 태울 때 나오는 다이옥신도

줄어들었다.

★
★★ 쓰레기 매립지 : 낮은 땅을
쓰레기로 메워 돋운 땅

자신들의

식탁을 지나며

일상을 지나며

시대를 지나며

남은 것들을 책임지기 위한

세계인의 고민은 계속된다.

그런데, 2003년 핀란드에서

새로운 고민이 생겨났다.

대체 이것은
어디에 어떻게 버리지?

이것은
풍부한 전력을 선사해 준
원자력 에너지가 남긴 쓰레기,

핵폐기물

유전자를 변형시키는
치명적인 독성 물질.

독성 물질이 새어나오지 않으려면
최소 10만 년 동안은 안전하게 보관해야 한다.

10만 년 동안? 어떻게?

주민 투표를 거쳐

거대한 바위를 뚫고 500m 지하에

설치하기로 한

핵폐기물 영구 처리장
온칼로.

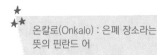

온칼로(Onkalo) : 은폐 장소라는
뜻의 핀란드 어

공사 기간은 100년

보관될 핵폐기물의 양은 9000ton.

100년을 준비해

'10만 년 동안' 지켜 내고자 하는 사람들.

그러나 2014년 현재
전 세계 31개국에는
25~30만 ton의 핵폐기물이 있고,

현재
이것들을 완전히 처분할 수 있는 곳은
한 곳도 없다.

이런 핵폐기물을
만들어 내지 않을 방법은 없는 것일까?

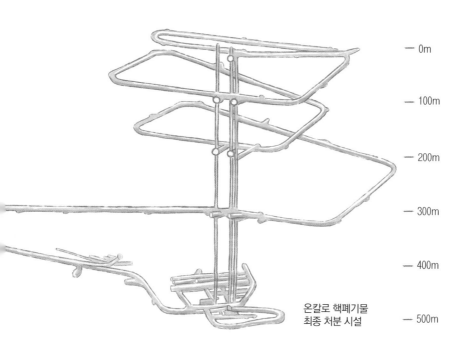

온칼로 핵폐기물
최종 처분 시설

— 0m

— 100m

— 200m

— 300m

— 400m

— 500m

쓰레기는 어디로 갈까요?

우리나라 국민 한 사람이 하루에 버리는 쓰레기의 양이 1kg에 가깝대요. '나는 쓰레기를 그렇게 많이 버리지 않는데?'라고 생각하나요? 하지만 곰곰이 생각해 보세요. 과자 봉투, 음료수 통, 종이, 버리는 음식물들……. 이 모든 것들이 모여 1kg이 되는 거예요. 이렇게 개인이 버리는 쓰레기뿐만 아니라 공장이나 기업에서 나오는 산업 쓰레기도 있어요. 그 양도 어마어마하지요. 일례로 인천에 있는 수도권 매립지에는 하루 1만 3000ton의 쓰레기가 모인대요.

우리가 버린 쓰레기들은 어디로 갈까요? 쓰레기 중에서는 재활용되는 것도 있고 불에 태워 없애는 것도 있고 땅에 묻는 것도 있어요. 불에 태우는 경우, 몸에 해로운 연기가 나오고 냄새도 나요. 땅에 묻는 경우에도 썩지 않는 쓰레기들 때문에 땅이 오염되고 악취도 나지요.

이제는 너도나도 쓰레기를 줄이는 노력을 해야 할 때예요. 쓸모없는 물건 사용을 줄이고 적게 쓰는 습관을 들이면 쓰레기를 많이 줄일 수 있어요. 우리 모두를 위해 그리고 후손들을 위해 재활용을 생활화하는 습관을 가져야 해요.

핵폐기물은 왜 위험할까?

핵폐기물이란 원자력 발전소나 병원, 연구소 등에서 나오는 쓰레기로 방사성 물질이나 방사성 원자핵에 오염된 물질을 말해요. 생물체가 방사능에 노출될 경우 치명적인 손상을 받기 때문에 보통 핵폐기물은 콘크리트 등으로 밀봉해서 땅속이나 바닷속 깊이 묻어요. 그렇다고 안전하다고 할 수는 없어요. 잘못하면 밀봉 상태에서 새어나와 흙과 물을 오염시킬 수 있어요. 원자로에서 연료로 태워진, '사용 후 핵연료'는 독성이 강하고 오래 지속되어서 10만 년 정도는 지나야 안정화 상태가 된다고 해요. 때문에 누구도 자신이 사는 곳에 핵폐기물 처리장이 만들어지는 것을 원하지 않아요. 우리나라도 여러 지역에 핵폐기물 처리장을 건설하려다가 주민들의 거센 반발에 부딪혔지요.

핵을 통한 원자력 발전을 하면 쉽게 많은 에너지를 얻을 수 있지만, 요즘은 전 세계적으로 핵을 포기하는 '탈핵'을 선택하는 나라들이 많아요. 에너지를 얻고 난 뒤 만들어진 핵폐기물이 미치는 악영향 때문에 원자력 발전을 포기하는 거지요. 독일의 환경 도시 프라이부르크는 오래된 원자력 발전소 8기를 폐쇄하고 2022년까지 원자력 발전소를 완전 폐쇄하겠다고 결정했어요. 대신 바람을 이용한 풍력 발전이나 태양열을 이용한 전기 생산을 늘리기로 했지요. 시민들도 자동차 대신 자전거를 타고 다니는 등 다소 불편하지만 친환경적인 삶을 꾸려가려고 노력하고 있답니다.

▸▸핵 확산 방지를 위한 〈국제 원자력 기구〉

국제 원자력 기구(IAEA, International Atomic Energy Agency)는 원자력을 군사적인 목적으로 이용하는 것을 막고 평화적인 이용을 장려하기 위해 1957년 7월에 설립됐어요. 1953년 아이젠하워 미국 대통령이 UN 총회에서 '평화를 위한 원자력'을 연설한 것이 계기가 됐답니다. 국제 원자력 기구는 전 세계에 원자력의 평화적 이용을 권하고 이에 필요한 물자나 설비를 제공해 줘요. 이들은 또 세계적으로 원자력에 관한 과학적, 기술적인 정보 교환이 이루어지게 하고 핵이 군사 목적으로 사용되지 않도록 여러 조치를 취하고 있어요. 2012년 현재 154개국이 회원국으로 가입돼 있는데 우리나라는 1956년에 가입했어요. 북한은 1974년에 가입했다가 1994년에 탈퇴했어요. 국제 원자력 기구는 핵무기 확산을 방지하고 평화적 이용에 공헌한 공로로 사무총장 모하메드 엘바라데이와 함께 2005년에 노벨 평화상을 수상했답니다.

17 어이없는 죽음을 부르는 요리, 〈삭스핀〉

★ 자연의 가치는 얼마일까?

사람들의 즐거움이나 사치스런 생활 때문에
이유 없이 죽어가는 동물들이 있다.
어이없는 죽음으로 멸종 위기에 놓인 동물들.
어떻게 하면 이 동물들을 죽음에서 구할 수 있을지 알아보자.

삭 스 핀

호화로운 잔치에 빠지지 않는
고급 요리

그 자체로
부와 명예의 상징인 요리

전복, 제비집과 함께
중국 3대 진미 중 하나인

삭스핀.

 삭스핀이라는 요리를 들어 본 적이 있나요?

항해를 떠난 중국 명나라 함대,

중국에서 아프리카까지
긴 항해를 하던 중
바닥난 식량.

배가 고파 원주민들이 먹고 버린
상어 지느러미를 끓여 먹었다.

이렇게 먹기 시작한 요리
삭스핀,
그 후 중국인들의 식탁에
자주 오르게 된다.

상어의 등과 배에는
지느러미가 있는데
맛이 풍부해 남쪽 사람들은
귀하게 여긴다.
_(〈본초강목〉, 이시진)

★★ 본초강목 : 1590년 중국 명나라의 이시진이 지은 약학서

영양이 풍부한 식품으로 알려진
상어 지느러미.

정말 맛과 영양이 풍부할까?

그러나
실제 상어 지느러미는

무색, 무취, 무미

맛은
첨가되는 재료에 따라 결정된다.

그렇다면!

실제
상어 지느러미의 맛은
"없다".

상어 지느러미의 주성분은
단백질의 일종인 콜라겐으로
불완전 단백질.

완전 단백질을 함유한
생선, 달걀, 우유 등에도
미치지 못하는 영양가.

★
★★ 불완전 단백질 : 필수 아미노산이
하나 이상 들어 있지 않아 영양학적으로
완전하지 못한 단백질

★
★★ 중금속 : 납, 수은, 카드뮴, 주석, 아연,
니켈 등 무거운 금속 원소

게다가
높은 중금속을 함유하고 있다.

그런데 왜 사람들은
삭스핀을 좋아할까?

경제 성장으로 중산층이 증가하자
덩달아 주문도 많아진
상어 지느러미 요리

상어 고기 kg당 50센트~1달러
상어 지느러미 kg당 100달러.

맛도 영양가도 없는
상어 지느러미를
비싼 값을 주며 사먹는
사람들.

삭스핀을 위해
지느러미만 잘린 채 희생되는 상어
매년 2600~3700만 마리.

어이없는 죽음을
막을 수는 없을까?

지구에서 동물들이
사라지고 있다!

지금 이 순간에도 지구에서 멸종되는
동물들이 있어요. 왜 그럴까요? 인간
들이 자신들의 필요에 의해 동물들을
마구 잡아들이기 때문이에요. 그리고 그 필요라는 것이 인간에게 꼭 필요한
것인지도 생각해 봐야 해요. 삭스핀 요리를 위해 죽어 가는 상어뿐 아니라 화
장품 재료를 얻기 위해 사라져 가는 밍크고래, 사람들의 옷이나 구두, 신발을
만들기 위해 야생에서 잡히는 악어, 물범, 수달, 바다표범 등 인간의 필요보다
는 욕심 때문에 지구에서 사라지는 동물들이 많이 있어요.

지구는 인간들만의 것이 아니에요. 동물도 식물도 함께 살아가는 곳이에요.
동물과 식물이 사라진다면 과연 우리는 살아갈 수 있을까요? 인간에 의해 생
태계가 파괴되고 먹이사슬이 깨진다면 결국 인간도 지구에서 살아남을 수 없
어요. 이제는 동식물들에 대해 쓰고 버리는 자원이 아니라 함께 살아가는 생
명체라는 생각을 가져야 해요. 우리가 자연을 지켜 줄 때, 우리의 삶도 행복하
고 건강해질 수 있을 거예요.

▶▶ 생태계 보존을 위해 일하는 〈세계 자연 보호 기금〉

세계 자연 보호 기금(WWF)은 스위스 그란에 본부를 둔 세계 최대의 민간 자연
보호 단체예요. 90여 나라에 500만 명 이상의 회원이 있고, 1만 5000개의 환경

프로젝트를 수행하고 있어요. 기금의 90% 이상이 개인과 회사의 기부를 통해 얻어지고 있지요.

세계 자연 보호 기금은 1961년 9월 11일, 스위스 모르주에서 '세계 야생 생물 기금'이라는 이름으로 만들어졌어요. 1986년에 '세계 자연 보호 기금'으로 이름을 바꾸었어요. 세계 자연 보호 기금은 국경과 문화, 종교를 넘어서 지구의 온난화와 각종 오염을 막고 모든 생물을 보호하는 것을 목적으로 기금을 모으고 있어요. 자원을 효과적으로 사용하여 오염을 줄이고 에너지를 절약하는 데 기금을 사용하지요.

세계 자연 보호 기금은 우리가 사는 지구의 자연 환경이 파괴되는 것을 막고 인간이 자연과 조화롭게 공존할 길을 찾아요. 앞으로 인류가 내리는 결정과 행동에 의해서 지구에 살고 있는 모든 생물의 운명이 결정되기 때문이에요.

전 세계의 다양한 생물들과 자연 서식지는 어느 때보다 빠르게 줄어들고 있어요. 인간이 자연이 재생할 수 있는 속도보다 빠르게 나무, 물, 야생 동물 등 천연자원을 소비하면서 동식물의 서식지가 오염되고, 지구 전체의 기후가 변하고 있기 때문이에요. 이로 인해, 인간은 물론 모든 생물에게 물과 식량, 깨끗한 공기, 보금자리를 제공해 주는 생태계가 병들고 있어요.

빈부에 상관없이 이미 수백만 명의 사람이 물과 식량의 부족을 경험하고, 심각한 자연 재해와 질병의 증가 등 환경 파괴로 인한 피해를 입고 있어요. 이대로 두면 앞으로 문제가 훨씬 더 심각해질 거예요. 그래서 세계 자연 보호 기금은 발 빠르게 자연 환경을 지키고, 특히 사라져 가는 야생 동물을 보호하고 서식지를 지켜 내는 일에 온 힘을 기울이고 있어요.

지구촌 한 시간 전등 끄기 행사(Earth Hour)

세계 자연 보호 기금이 주도하고 있는 지구촌 한 시간 전등 끄기 행사는 역사상 최대 규모의 환경 캠페인이에요. 매년 한 차례씩, 3월 마지막 토요일에 진행돼요. 로마의 콜로세움, 파리의 에펠탑, 뉴욕의 엠파이어 스테이트 빌딩, 시드니의 하버브릿지, 샌프란시스코의 금문교와 같은 세계적으로 유명한 건물들이 이 캠페인에 동참하고 있어요.

이 캠페인은 일상 속에서 사소한 일을 실천함으로써 커다란 효과를 만들어 내요. 수백만 명이 쉽게 동참할 수 있는 방법으로 환경을 소중히 여기자는 메시지를 전달하고 있지요. 이 메시지가 세계의 사람들, 특히 정치, 경제에 관련된 사람들에게 전달되어 좀 더 적극적인 참여가 이루어졌으면 좋겠지요?

우리나라는 2012년 한 시간 전등 끄기 운동을 펼쳐서 그날 하루 공공 건물에서만 약 4128kwh의 전기를 아꼈대요. 어린 소나무 62만 9640그루를 심어서 기르는 효과와 온실가스 1749ton을 감축하는 효과라고 해요. 서울시에서만 23억 원의 전기 절감 효과가 있었다는 공식 보도도 있었어요. 참으로 놀랍지요? 매년 3월 마지막 토요일 저녁 8시 30분부터 9시 30분까지 전등 끄기, 모두 실천해 볼까요?

WWF의 재미있고 잊혀지지 않는 환경 포스터

딱히 설명하지 않아도 자연 보호에 대한 포스터임을 한눈에 알 수 있지요?
간결하면서도 강렬하게 자연 보호라는 주제를 전달하고 있어요.
하나씩 무슨 의미인지 생각해 보세요.

우리는 모두 '환경 운동가'

환경 운동이 어려운 일은 아니에요. 우리가 환경을 생각하고 행동하는 모든 것이 환경 운동이 될 수 있어요. 구체적으로 어떤 일들이 있나 볼까요?

자연 자원을 낭비하지 않아요. 동물의 신체 일부로 만들어진 물건을 사지 않고, 손쉽게 사용하는 나무로 만들어진 것들, 예를 들어 공책이나 휴지, 종이컵 등을 함부로 쓰지 않아요. 종이를 만들기 위해 나무를 많이 베면 이산화탄소가 많아져 오존층이 파괴되고 지구의 온도가 올라가요. 종이를 아끼는 것만으로 지구 온난화를 막는 데 힘을 보탤 수 있어요.

소비를 줄여요. 있는 물건은 또 사지 않고, 꼭 필요한 것이 아니라면 사지 않는 것 그리고 없어도 되는 물건이라면 조금의 불편을 감수하고 생활하는 것, 이것이 바로 환경 운동가의 삶이에요. 필요 없는 소비를 위해 공장이 계속 돌아가면 환경은 당연히 나빠질 거예요. 여러 물건이 있는 대형 마트에 가다 보면 살 생각이 없었던 물건들을 몽땅 사는 수도 있어요. 꼭 필요한 물건만 사는 소비 습관이 환경을 살려요.

우리 동네 물건을 애용해요. 커다란 마트에는 전국, 전 세계에서 온 물건들이 가득하지요? 하지만 이런 물건들이 우리나라에까지 오는 여정을 생각해 본 적이 있나요? 긴 이동 시간 동안 상하지 말라고 방부제를 쓰고. 배, 비행기, 자동차 등을 이용해 물건을 실어나르는 사이 연료도 많이 사용돼요. 이와는 반대로 우리 동네에서 생산된 제품은 방부제도 연료도 많이 필요하지 않겠지요? 또한 전기를 사용해 매장 전체를 시원하게 한 대형 마트보다는 조금 덥더라도 주변 마을에서 물건을 가져다 파는 동네 재래 시장을 이용해요. 마을 경제도 살리고 환경도 살릴 수 있어요.

집 안팎에 채소를 심고 텃밭을 가꿔요. 직접 길러 먹는 채소는 사먹는 것보다 맛이 좋아요. 또한 텃밭과 채소 화분, 꽃 화분들은 공기를 맑게 정화시켜 줘요. 소비도 줄이고, 기르는 재미도 있고, 환경도 살리니 일석삼조라 할 수 있겠지요?

생각하는 힘을 키워 주는

어린이 지식

〈어린이 지식ⓔ〉 시리즈는 감동과 재미를 주는 EBS
『지식채널ⓔ』의 내용을 어린이의 눈높이와 초등학교
교과 과정에 맞춰 주제별로 재구성했습니다.

1. 생명과 환경

생명의 탄생과 흐름, 나와 가족, 공동체에 대한 다양한 주제들을 다루어 세상에 대한 바른 시선과 다양
한 지식을 제공해 준다. '태어날 때 이미 3억의 경쟁자를 이긴 게 바로 나?', '안아 주는 것만으로 생명을
살릴 수 있다?', '베풀고 살면 몸이 건강해진다?', '햄버거 때문에 지구가 위험하다?', '평생 고기를 먹지
않은 사자가 있다?' 등의 재미있는 이야기를 통해 자존감을 높여 주고, 나와 가족과 사회를 생각하게 해
주고, 더불어 살아가는 지혜를 일깨워 준다.
값 12,000원 ISBN 979-11-86082-33-1(64300)

2. 경제의 이해

경제란 무엇인지 알게 해 주고, 어린이들이 올바른 경제관념을 갖도록 해 준다. 단순히 물건을 사고파는
일 외에도, 모든 일상의 활동이 경제와 어떻게 관련돼 있는지 흥미롭게 알려 준다. '2000만 마르크로 살
수 있던 게 고작 빵 한 덩이?', '물가의 마술에 걸려 오르락내리락하는 돈의 가치?', '배도 그물도 없이
고기를 낚는 어부들이 있다?', '새 옷 한 벌 때문에 서재를 통째로 바꾸었다?', '먹을거리 3km 다이어트
로 푸드 마일을 줄인다?' 등의 내용을 재미있게 알아볼 수 있다.
값 12,000원 ISBN 979-11-86082-34-8(64300)

3. 소중한 문화유산

우리 얼이 담긴 문화재, 나라를 위해 삶을 바친 위인들, 되새겨야 할 역사적 사건들을 담아 우리의 문화
유산이 어떻게 지켜졌는지, 어떤 면에서 우수한지 알려 주며 문화적 자긍심을 키워 준다. '전 재산을 걸
어 낡은 것들을 모은 바보가 있다?', '최초의 국어사전을 만들게 한 말모이 작전은 무엇?', '묻고 듣는 것
이 세종대왕의 특별한 능력이라고?', '경부고속도로가 세운 세계적인 기록은?' 등의 해답을 찾아가는 사
이 '왜', '어떻게' 우리 것들이 만들어지고 위기 속에서 이어져 왔는지 알 수 있을 것이다.
값 12,000원 ISBN 979-11-86082-35-5(64300)

4. 함께 사는 사회

전쟁과 자연재해, 기후 변화 등 국제 사회에서 벌어진 다양한 사건들을 다루며, 지구촌의 이웃과 더불어
살기 위해 무엇을 나눠야 할지 고민하게 한다. 또한 나눔을 실천하는 국제기구를 알아가면서 서로 도우
며 살아가는 방법을 배울 수 있다. '가난한 환자를 직접 찾아가는 병원 열차가 있다?', '회색늑대가 사라
진 숲이 왜 황폐해졌을까?', '의학 교육을 무료로 시켜 주는 나라가 있다?', '1069명의 아이를 구한 유모
차 공수 작전이란?', '핵폐기물이 안전해지기까지 10만 년이 걸린다고?' 등의 답을 찾을 수 있다.
값 12,000원 ISBN 979-11-86082-36-2(64300)

5. 꿈과 진로

행복한 인생의 필수 요건인 꿈과 직업에 관한 이야기를 담아 자신의 꿈을 발견하고 이를 직업으로 실현
시키기까지 어떤 과정을 거쳐야 하는지 알려 준다. 힘든 상황에서도 포기하지 않고 자신의 꿈을 현실로
만든 사람들의 이야기를 통해 바람직한 삶의 자세를 배울 수 있다. '거짓투성이 책의 작가가 빅토르 위
고?', '사물의 몸과 마음으로 들어가는 신비한 능력?', '대학 중퇴자가 최고의 CEO가 될 수 있었던 비밀
은?', '600년 전통 명문 학교의 주요 과목이 체육?' 등의 내용을 재미있게 만날 수 있다.
값 12,000원 ISBN 979-11-86082-37-9(64300)

'5분의 메시지'로 생각하는 힘을 기른다!

생각하는 힘을 키워 주는 『어린이 지식ⓔ』는
아이들에게 책 한 권의 지식을 넘어, 지혜를 자라나게 해 줍니다.

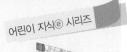

6. 역사와 인물

문명을 발전시킨 도구와 사회를 바꾼 사건과 인물들을 소개한다. 인류 문명의 발전을 가져온 재미난 이야기와 다양한 정보는 역사에 대한 흥미를 불러일으키고, 우리의 일상을 만들고 변화시켜 온 살아 있는 역사를 만나게 해 준다. '인류의 발전은 두 손에서 시작됐다?', '1582년 로마의 달력에서 열흘이 통째로 사라졌다?', '지구가 돈다는 사실을 증명해 낸 것이 교수의 장난감?', '18세기 사람들은 이슬이 나비가 된다고 믿었다?', '왜 나폴레옹은 자신을 그린 화가를 미워했을까?' 등의 궁금증을 풀 수 있다.
값 12,000원 ISBN 979-11-86082-38-6(64300)

7. 창의적 도전

세상을 새롭게 변화시킨 사람들의 새로운 발상과 상상력을 소개해, 어린이들의 창의적인 사고력을 키워 준다. 생각을 일깨워 주고, 바꿔 주고, 다르게 생각하도록 영감을 주는 이야기는 '사물을 어떻게 바라보고, 어떤 방식으로 생각할 것인가?'라는 것을 깊이 생각하게 한다. '청중들의 소음만으로 이루어진 음악이 있다?', '변기를 전시하면 예술 작품일까? 아닐까?', '꽃과 열매 그림이 멀리서 보면 사람 얼굴이라고?', '피카소가 한국 전쟁의 참상을 그린 이유는?' 등의 이야기를 만날 수 있다.
값 12,000원 ISBN 979-11-86082-39-3(64300)

8. 과학과 기술

과학과 기술이 어떻게 시작되고 발달해 왔는지에 대한 이야기가 실려 있다. 새로운 아이디어로 인류의 삶을 바꿔 놓은 발명 이야기를 통해 과학적인 잠재력을 깨우고, 과학에 대한 지식을 배우게 한다. '달의 뒤편으로 간 남자가 있었다?', '라이트 형제가 발명한 비행기 원리는 자전거에서 얻었다고?', '엘리베이터가 100층을 오르는 데 수만 년이 걸렸다고?', '혈액이 온몸을 한 바퀴 도는 데 1분밖에 안 걸린다고?', '깡패에게 돈을 빼앗긴 곳을 알려 주는 지도가 있다?' 등 흥미로운 정보가 가득하다.
값 12,000원 ISBN 979-11-86082-40-9(64300)

9. 자연과 생태계

생태계의 신비한 이야기를 통해 동식물의 생존 법칙과 인간이 자연과 공존하는 방법을 알려 준다. 깊이 있는 자연 탐구의 기회를 주는 것은 물론 소중한 자연을 지키고 보존해야 함을 깨닫게 한다. '식물도 화가 나면 공격한다고?', '달리기에서 타조가 치타를 앞지를 수 있을까?', '생명이 있는 곳 어디에나 있는 백색 결정체는 무엇일까?', '깊고 어두운 해저 2700m, 생존의 법칙은 무엇일까?', '다람쥐의 볼에 도토리 12알을 넣을 수 있다고?' 등의 의문을 풀 수 있다.
값 12,000원 ISBN 979-11-86082-41-6(64300)

10. 다양한 가치관

어떤 가치관을 가지고 세상을 살아가야 할지 생각해 볼 수 있는 이야기가 담겨 있다. '어떻게 살아야 한다.'라는 정의를 내려 주지는 않지만 올바른 가치관을 세우기 위해 꼭 필요한 분별력을 기를 수 있다. '미국의 시내 한복판에 북한을 소개하는 식당이 있다?', '20점 만점에 10점만 넘으면 원하는 대학에 갈 수 있는 나라는?', '나의 모든 이야기를 잘 들어 주는 컴퓨터가 있다?', '글짓기를 잘하는 사람은 글쓰기를 못한다?' 등의 재미있는 이야기를 만날 수 있다.
값 12,000원 ISBN 979-11-86082-42-3(64300)